子どもが「なるほど！」「そうか！」と納得する！

「割合」指導の3つの方略

山下英俊 編著

算数教育研究チーム「ベクトル」著

東洋館出版社

目　次

はじめに　　　　　　　　　　　　　　　　　　　　　　4

序文　知識観が換われば授業も変わる
〜知識をつなぐ・思考をつなぐ〜　　　　　　　　　11

1. 「見えない知識」　　　　　　　　　　　　　　　12
2. 「気づき」と「問い」　　　　　　　　　　　　　15
3. 「見えない知識」を動かす　　　　　　　　　　　16
　　①体系で知識をつなぐ
　　②表現（絵図化・言語化）で思考をつなぐ
　　③対話で思考をつなぐ

方略1　体系で知識をつなぐ
〜倍概念のストーリー〜　　　　　　　　　　　　21

1. 6年間をつなぐ算数の知識の体系　　　　　　　　22
2. 「倍概念」のストーリー　　　　　　　　　　　　23
3. 6年間を貫く2つのストーリー　　　　　　　　　25
4. かけ算・わり算のストーリー　　　　　　　　　　29
5. 量の比較・測定のストーリー　　　　　　　　　　40

方略2　表現で思考をつなぐ
〜ノートでつなぐ「表現活動」〜　　　　　55

1. 「絵図化」「言語化」による思考表現　　　57
2. 相互補完と相互強化による表現力の向上　　59
3. 表現の多様性と思考の活性化　　　　　　　61
4. 算数的な思考表現の基礎スキルを鍛える　　62
5. ノートで思考し、ノートでつなぐ　　　　　65

方略3　対話で思考をつなぐ
〜ノートでつなぐ「対話活動」〜　　　　　69

1. 「対話活動」の2つの働き　　　　　　　　71
2. 対話の視点と着眼点　　　　　　　　　　　73
3. ノートで対話する　　　　　　　　　　　　77
4. 教師の役割　[発問・指示・助言]　　　　　79

実践編　3つの方略で授業を設計する
～どの子も輝く思考の過程～　　　　　　　　　　85

1. 授業設計の考え方　　　　　　　　　　86
2. 授業設計の実際　　　　　　　　　　87
   6年「速さ」の実践　　（新学習指導要領5年）
3. 授業の実際　　　　　　　　　　89
   思考の過程Ⅰ：問題を理解し、めあてをつかむ　　89
   　　対話活動1　　　　　　　　　　90
   　　対話活動2　　　　　　　　　　92
   思考の過程Ⅱ：考えを磨き合い、問題を解決・処理する　　94
   　　対話活動3　　　　　　　　　　94
   　　対話活動4　　　　　　　　　　102
   思考の過程Ⅲ：考えを練り上げ、整理する　　107
   　　対話活動5　　　　　　　　　　107
4. 授業を終えて　　　　　　　　　　109

出版に寄せて　　　　　広島大学名誉教授 岩崎秀樹　110

おわりに　　　　　　　　　　114

参考文献　　　　　　　　　　116

執筆者紹介　　　　　　　　　　117

はじめに

[本書のコンセプト]

　本書の提言は2つです。
　1つは、算数の知識の体系的な理解に関する提言です。算数の授業は学習指導要領に示されている4つの領域の知識や技能を、領域ごとに系統的に配列したカリキュラムに基づいて展開されています。本書では、これらの領域の枠組みを越え、知識や技能の数学的な背景に着目し、知識の体系的な理解を目指す授業づくりを提言します。尚、新学習指導要領 算数編（平成29年3月告示）では、数と計算、図形、測定・変化と関係、データの活用に領域が再構成されています。
　2つめは、知識の活用、新しい時代を担う子供に求められる資質・能力を育成する授業づくりに関する提言です。知識を活用する力が育っていないというこれまでの授業づくりの**問題点**と新しい学習指導要領が求める内容を踏まえて具体策を探ります。
　実はこの2つの内容には不可分の関係があります。それは、知識の体系化の問題も知識の活用の問題も、その根底に"知識が分かるとは何か。"という問題を有しているということです。それは、授業で習得される一つひとつの知識が個別的、断片的な理解にとどまり、知識の**"つながり"**に対する意識が不十分ではなかったかという問題です。
　そこで本研究はまず、算数の知識を数学的な概念形成の視点から数概念・量概念・空間概念・倍概念・統計の考え方の5つの枠組みのストーリーとして整理し、体系的に配列することにしました。さらに実践研究として、子供には理解困難で、教師にとっても指導困難と言われ、全国学力学習状況調査でその課題が指摘されている「割合」に着目し、"倍概念"

を中心とした授業改革から始めることにしました。

　知識といえば、一般に教科書等に示された「見える知識」のことを指しますが、それはいわゆる言葉や記号で定式化された"形式知"のことを指しています。本書が着目するのは、それだけでなく子供の内面で思考を動かす"**暗黙知**"といわれる知です（野中，2009）。それは、体験を通して子供一人ひとりの内面に無意識に蓄積され、新たな問題場面での困難を乗り越えるために知恵や発想を生み出そうとするときに働く知です。本書では、これを**「見えない知識」**と呼びます。

　それらは見えませんが、「おやっ？　おかしいな」「あっそうか！」「なるほど」などといった子供の小さな疑問や思い・願いの中に埋もれていて、子供の思考を方向づける働きをしていると考えられます。本書は、この「見えない知識」の働きこそが知識活用に不可欠な思考活動であると考えています。本書ではその働く具体的な姿を、子供が授業の中で表出する小さなつぶやきや自己表現の中に見出し、「気づき」「問い」として示しました。

［2つのつなぐ・3つの方略］

　算数が苦手な子には、その子の内面に埋もれている小さな思いや疑問を授業の中で自分らしく表現したり、他者に伝えたりしていくことの喜びや楽しさを、算数が得意な子には答えが分かる喜びだけでなく、自分の考えが多くの他者に理解され、多様に活かされつながり続ける楽しさを味わわせたい、と願いました。

　その授業づくりの基盤となる考えの中心概念が、**「つなぐ」**です。

　このような背景を踏まえ、2つの提言を具現化する授業改革の具体策が、思考をつなぐ「2つのつなぐ」と「3つの方略」です。

```
┌─────────────┐         ┌─────────┐
│ 2つのつなぐ │         │ 3つの方略 │
└─────────────┘         └─────────┘
 1  知識をつなぐ ────── ① 算数（倍概念）の知識の体系化
 2  思考をつなぐ ──┬── ② 表現（絵図化・言語化）活動
                   └── ③ 対話活動
```

1. 知識をつなぐ：

　特に「割合の理解」に関する課題は、その内容が第5学年で学習する一つの個別の知識として指導されていることに問題があると考えています。割合は、個別の知識ではなく倍概念としてつながる多くの知識の意味や価値の体系の中にあります。この知識の体系的な理解が「知識をつなぐ」です。そのための方略は、6年間を通した倍概念の知識の体系の筋道を教材として明確にする知識の体系化です。**(方略1)**

2. 思考をつなぐ：

　知識の体系な理解には、一つの答えを効率的に求めるのではなく、それまでの経験を引き出し多様な他者と関わり合いながら、納得を伴った思考活動をつなぎ続けることが不可避です。形式知よりも子供自身が自らの経験の中に蓄積している「見えない知識」を絵図や言葉で見える化し、他者との対話によって客観的に思考を深めていくことが、2つめの「思考をつなぐ」ことです。

　これらの「2つのつなぐ」を授業づくりで具体化する方略が、<u>前述の「知識の体系化」</u>**(方略1)** とともに、<u>思考を絵図化・言葉化する</u>**「表現活動」(方略2)** と、<u>多様な他者と関わり、思考を客観的に見直しながら意味や価値へと方向付ける</u>**「対話活動」(方略3)** の2つの思考活動です。「表現活動」と「対話活動」は、知識を「体系的な理解」へと導く両輪の思考活動です。

[本書の章構成]

　この「3つの方略」による授業が「算数のストーリーの授業」です。全章を通して具体策を提言します。

　序章では、ストーリーの授業の基盤であり、思考を動かす原動力となる「見えない知識」（暗黙知）について考えます。知識観の転換の重要性について提言します。

　方略1では、教科書に示された領域毎の配列を越えて「倍概念のストーリー」の内容の筋道を、「かけ算・わり算」と「量の比較・測定」の2つの筋道で示します。倍概念に関する知識を体系としてつなぐ筋道について述べます。算数の本質と教材解釈に係わる内容を示しています。

　方略2は「絵図化・言語化」の表現活動です。絵図化、言語化は個別の表現活動ではなく、補完し合い強化し合う対の思考活動として位置づけます。

　方略3では「対話活動」について述べます。「対話活動」は他者との対話によって「多様性を受容」し合うとともに「発想の転換」を促す重要な思考活動です。ですから、そのためのスキルを確実に鍛え、定着させることを重視します。また、具体的な思考のツールとしてのノートの活用を徹底し、思考活動の積み上げのプロセスを見える形で残していくことを大切にします。

　実践編では、各章で述べてきた授業づくりの考え方や方策を、ノートで思考し、知識をつなぐ子供の学びの姿を「速さ」（新学習指導要領5年）の授業実践で具体的に示します。

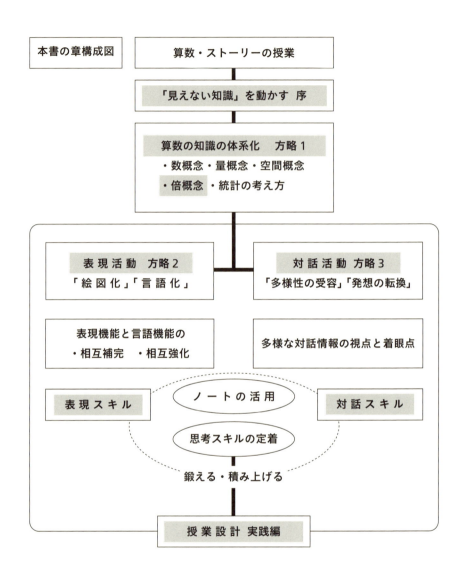

本書の提言が、毎日の教室ですべての子供の「あれっ！」「そうか！」「なるほど！」を実現させ、そのような授業を実現したいと願う教師一人ひとりへの後押しとなるだけでなく、学校という組織的な場で１年生から６年生までの子供の学びをつなぐ授業づくりへの後押しにもなることを願っています。

　多くの先生に、是非そばに置いて活用していただきたい一冊です。活用にあたっては、どの章からでも読み始めることができます。そして、求める内容の章と関連させて読むことも効果的だと考えています。

　最後になりましたが、本書の発刊にあたって力強い言葉を寄せていただきました広島大学名誉教授岩崎秀樹先生、研究の方向性に助言をいただいた国立教育政策研究所前学力調査官の礒部年晃先生に心からの感謝を申し上げます。そして出版に際し東洋館出版社の石川夏樹様には多くのご支援を頂きました。心から感謝申し上げます。

2018.09.30
算数教育研究チーム「ベクトル」
代表　山下英俊

序　文

知識観が換われば授業も変わる
知識をつなぐ・思考をつなぐ

1 「見えない知識」

　"知識"といえば学校での各教科等の教科書に示されている、一般化され言葉や記号で簡潔に表現された内容を指します。また新聞やメディア、様々な本などからも多くの知識を習得することができます。算数では数の意味や計算の仕方、量や図形の意味・性質など6年間で学ぶ内容が教科書に明示されています。これらを、ここでは「見える知識」と呼びます。

　しかし、同じ教師から同じ教室や状況で学び、共通の言葉や表現で習得された知識であっても、それらの具体的な理解は、子供によってそれぞれに異なり、誰にも共通であるとは限りません。どのような知識も、その意味の納得につながる具体的な内容は自分の体験の中にしかないからです。

　知識は、私たちのそれまでの経験や感じ方の違いによって、その意味や価値もそれぞれの個性を持って理解され、蓄積されています。これがいわゆる"暗黙知"といわれる知識です。

　「おやっ？　変だぞ！」「なぜだろう？」「なるほど！」などの子供の「気づき」（疑問や知的好奇心、興味・関心）は、蓄積されている何らかの経験や体験につながる暗黙知を刺激する大切な知的な反応です。また、「きっとこうだろう！」「もっとこうすれば！」といった自らへの「問い」は、暗黙知を"見える化"していこうとする思考活動の仮説となります。このような経験・体験を通して蓄積されてきた知識の中に埋もれ、容易に言葉に表したり他者に伝えたりすることができない暗黙知、これらを本著では「見えない知識」と呼び、大切にします。

　この「見えない知識」が、個別の「見える知識」同士を柔軟につなぎ、見える知識を体系的で深い理解へと導く重要な働きをする「知」だと考えています。（図1）

　「見えない知識」は、子供一人ひとりの内面で様々な状況に柔軟に反応

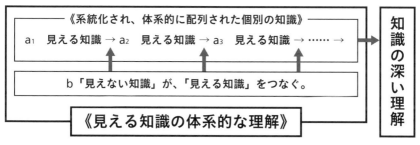

図1

したり、複数の知識を柔軟に結び付けたりなど、自分の思考活動を俯瞰的、批判的にとらえて新たな発想やアイデアへと**つなぐ働き**をする知識だと考えています。

しかし、私たちはこれまで、それらの「見えない知識」を子供に意識させ意図して働かせることをそれほど重視してきませんでした。一方、「見える知識」は、いわゆる教科等の知識・技能として、どの子にも等しく効率的に習得させることが求められてきました。それらは学力として数値化、評価されてきましたが、「見えない知識」は十分に評価されることなく、埋もれたままになってきたのだといえます。

新学習指導要領が告示された今、そしてこれから、強く求められているのは標準化された知識よりもむしろ、柔軟で体験的な知です。そのことが新学習指導要領では、学習活動で働かせるべき各教科等に固有の「見方・考え方」（各教科等の特質に応じた物事を捉える視点や考え方）として示されています。

この「見方・考え方」も、「見える知識」のように形式化された知識ではなく、柔軟で個性的に子供の思考をつなぐ働きをしている「見えない知識」の一つであると考えています。教師は、子供の内面で機動しているこの「見えない知識」の存在にもっと目を向け、「見える化」させていくことを大切にしなければならないと思います。そのためには、子供が絵図

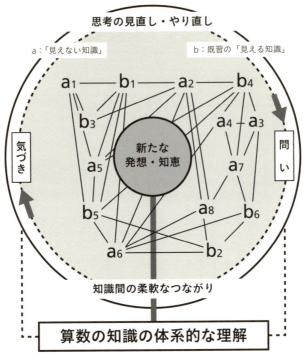

図2　知識がつながる「見える化」の思考活動のイメージ

化、言葉化を通して、「気づき」「問い」を繰り返す柔軟で個性的な思考活動の展開が不可欠です。また、それらを他者に分かりやすく説明したり伝えたりなど、旺盛な「対話活動」の展開が一層重要になります。このような「見えない知識」を働かせる授業が、新学習指導要領が期待する授業です。

図-2は「見える知識」と「見えない知識」が結合し絡まり合って、個別に配列されている「見える知識」を体系的につながる深い理解へと導く流れのイメージです。また、図2は、「見える知識」と「見えない知識」が「気づき」と「問い」によって相互につながり合い、補完し合って新たな発想・知恵を生み出していく様相を示しています。

見える知識は、算数の内容に基づく系統的、論理的な理解に関わる知識です。
　算数の知識の体系の基盤となる一つ一つの知識の内容のことです。
　見えない知識は、体験に基づく情緒的、経験的な認知に関する知識です。それぞれの子供の「気づき」「問い」によって引き出され、見える知識間に柔軟なつながりをつくります。
　見える知識と見えない知識の特徴を整理すると下表のようになります。見える知識は、教材の論理的、形式的な知識であり、見えない知識は、その見える知識を理解するといった思考や認知に関わる知識であるといえます。

【「見える知識」と「見えない知識」】

「見える知識」（以下「知識」）	「見えない知識」
教科書等に言葉で明示される**形式知** 　客観的・論理的な知識・技能等 ○教科・領域等で学ぶだれにも共通に伝わる簡潔で、整理された言葉や記号等で明示された知識・技能。 ○結果や事実を簡潔・明確にまとめ、一般化されて表された判断や結論 **論理的な内容に関わる知識**	体験を通して内面に蓄積された**暗黙知** 　個別的・経験的な知識・技能等 ○問題の状況に対して、内面で反応した知的な問題意識（疑問や矛盾、迷いや閃き、落胆や喜び、失敗や成功、未熟さや巧みさ、強い意志など）→「気づき」「問い」 **意味の理解に関わる知識**

﹇2﹈ 「気づき」と「問い」

　「見えない知識」は、問題状況に対する子供の「気づき」や「問い」の姿で表出されてきます。それらは、疑問、矛盾、興味・関心、驚きなどといった知的な思考反応であり、それぞれの子供に固有の方法で表出され、見える化されていきます。
　「気づき」は、問題状況に対する自分の経験・体験を引き出す知的反応

です。内面に埋もれた複数の「見えない知識」に結び付き、自らの思考の不整合を意識し、自覚し、納得することへとつなぐ働きをします。

「問い」は正解を求める問題ではなく、「気づき」によって動き出した思考を絵図や言葉など見える姿に置き換え、活動化して思考を方向付けていく働きをします。「それは本当か？」（真偽）、「それはなぜか？」（原因）、「他にないか？」（多様性）、「他にも使えるか？」（一般性）といった自分の思考活動を批判的に見たり、俯瞰的に見たりして思考の真偽・原因の解明や、多様性・一般性へと発想の転換を方向付ける働きをします。

【気づき】問題状況に対する知的な刺激	【問い】思考活動へ向かう視点
○自分の経験と問題状況との不整合に対する**問題意識** 「あれっ？」「えっ？」「おやっ」 ○自分の考えに対する**自覚** 「きっと〜」「もっと〜」「たぶん〜」 ○自分の結果・判断に対する**納得** 「なるほど。」「やっぱり。」	①原因理由を問う 　それはなぜか？ ②真偽（正誤）を問う 　それは本当に間違いないか？ ③多様性を問う 　他に異なる方法や視点はないか？ ④一般性を問う 　ほかの場合や場面でも使えるか？

「気づき」と「問い」が一体となって表現活動が繰り返され、「見えない知識」や多様な知識が柔軟に結び付き、新たな発想やアイデアを生み出すことになります。

3 「見えない知識」を動かす

教科書に示されている一つひとつの知識は、子供が理解し、納得することによって思考としてつながっていきます。それは形式的な知識の中に、一人ひとりの子供の「見えない知識」が思考の筋書きとして刻まれていく

表-1 授業で見える子供の「気づき」と「問い」の様相

A：【気づき】問題状況に対する知的な刺激
B：【問い】思考活動へ向かう視点

B \ A	意識する あれっ。えっ。おやっ。	自覚する きっと。もっと。たぶん。	納得する なるほど。やっぱり。
① 原因・理由を問う	・うまくいかないのはなぜか？ ・どこが、どのように、うまくいかないのか。 ・AとBが違うのは、なぜ？ ・〜が〜なのは、なぜ？ ・〜しても〜にならないのは、「なぜ？」	・きっと、これが、ここが問題だ。 ・たぶん、これが原因だろう。 ・どこを、どうすれば、きっとこうなる。 ・ここを、"どうする"か。 ・〜が、〜できるようにするには、どこを、どうするか。	・これを、ここを、こうすれば、こうなる。 ・〜だから、〜すればいい。 ・やっぱりこうだ。 ・なるほど、そうか。
② 真偽・正誤を問う	・それは、ほんとうか。 ・ここはこれでいいのか。 ・これまでは、〜だったのに。	・きっと、これが正しい。違う。 ・たぶん、ここが、問題だ ・きっと、これでいいだろう。 ・もう一度、やり直そう。	・これで間違いないぞ。 ・なるほどこれだ。 ・やっぱり、それが分かりやすい。 ・やっぱりこうだ。
③ 多様性を問う	・もっとほかには？ ・これだけか？　それだけか？ ※自らの活動の結果や変化の「意味・価値」に対する着眼	・見方や方法が〜に変わっても同じか？ ・もっと、他にもありそうだ。 ・もし条件が、〜であれば、〜になる。どうなるか？	・「なるほど。〜が〜に変わっても、〜すればいい。」 ・他にもこんな方法があるんだ。 ・もっとこうすれば、きっとこうなる。
④ 一般性を問う	・どれにもいえるかな。	・「〜が〜になっても（だったとしても）〜できるようにしたい。」など。 ・こんな場合でも、同じことがいえるか。 ・もっと〜しても、きっと〜になる。 ・もし、〜違う数だったら。	・ほかの場合にも、いえる。 ・このことは〜が変化しても変わらない。 ・この考えは、他の数や形にも使える。 ・他の状況や場面でも試してみよう。

序　文　知識観が換われば授業も変わる　知識をつなぐ・思考をつなぐ

ことです。本書の3つの方略が「見えない知識」が動かし、思考をつないでいきます。

①体系で知識をつなぐ（体系という知識の理解）

> 体系で知識をつなぐことは、個別の知識どうしを柔軟につなぎ合わせ、一つの全体としての意味や価値へと拡張させ続けることです。

知識にはそれぞれ個々の意味とともに、複数の知識のつながりを一つの全体とする意味があります。それが知識の体系です。体系もまた個別の知識と同様に一つの「見える知識」だといえます。

これに対し知識の体系化は、その体系を自分の思考活動を通してつくり出すことです。個別の知識の意味を自分でつなぎ、拡張し続けていくことです。それが知識を深く理解するということです。算数の知識の体系は、習得するのではなく、思考活動によってつくり出していく知識です。

思考活動のプロセスは自分の「気づき」と「問い」の連続であり、「見えない知識」を刺激し、働かせて知識をつなぎ、深い理解へと導いていくプロセスです。本書は、まず方略1で、「倍概念」に関する6年間の知識をつなぐ算数の知識の体系について考えます。

②表現（絵図化、言語化）で思考をつなぐ

> 表現活動で思考をつなぐことは、思考が自他に見えるように伝わるように絵図や言葉に表し、知識の体系を思考活動に置き換えていくことです。

算数の知識は数学的な意味や価値の体系でつながっていますが、その理

解を深めるのは子供自身の思考活動です。それは子供が自らの問題に向かって「見えない知識」を絵図、言葉で表現し、「気づき」「問い」で知識を体系的につなぎ続けていく思考活動のプロセスであり、知識が形式ではなく活きて働く体系として、活動的につくり出されていくことでもあります。

新しい学習指導要領には、次のような記述があります。

> 「数学とは出来上がった知識の体系という面のみならず、様々な事象について数学的な知識や技能を駆使して考察し、そのなかで数学自体も発展し、体系化されていくという、活動としての面を持っている。今回の改訂では、このような数学的な問題発見や問題解決の過程を学習において実現することを重視している。」
> 学習指導要領（平成29年告示）第2章第2節の2 ［数学的活動］p 70

ここに示されている「数学的活動」は、本書が提言するストーリーの考え方に近い活動であり、表現活動はその中核にある思考活動です。具体的な表現活動は、何度も問い直しやり直すことでその意味・価値が次第に明確になり、分かり易く説明し伝えることができるようになっていきます。自分はこれまで何をしてきたのか。今、何ができるのか。これからどうありたいのか。といった自分の活動体験とその結果のつながり（過去→現在→未来）が思考の筋道になっていきます。

③対話で思考をつなぐ

> 対話活動で思考をつなぐとは、他者との対話や協働という外的な刺激によって思考を客観的、反省的に俯瞰し、自らの思考に発想の転換を迫っていくことです。

子供の思考活動を過去から現在へ、現在から未来へとつないでいくことが、知識を体系的につないでいくことになります。しかし、子供にとって思考をつないでいくことは、活動の大きな壁になっています。自分の体験・経験だけで問題状況を的確に解釈し、柔軟な発想やアイデアを生み出していくことには限界がありますし、自分の思考活動を自分で俯瞰し客観化することは容易なことではないからです。そこに必要なのが環境との相互作用です。内なる思考を刺激し、自分だけではで引き出せなかった「見えない知識」を引き出すことを刺激する環境です。

　授業中の思考活動を取り巻く環境の中で最も大きな刺激の一つが、他者との「対話」という環境です。対話活動で他者の考えや表現の説明を聞くことや、他者に分かり易く説明することが、自分の思考の不十分さや誤りに気づく上で大きな刺激になります。誤りの改善だけでなく、新たな発想への「気づき」「問い」につながっていきます。

　「気づく → 問い直す → やり直す → 気づく……」といった思考活動の循環が生まれ、「かき加える・かき直す」「言い換える・言い直す」など、新たな発想と知恵で絵図、言葉の表現をやり直すことにつながります。この思考活動の循環が、これまでの授業の大きな課題だったのです。

　ペアの対話、少人数のグループ対話、全体での対話、グループ間の対話など、対話の形態の違いだけでなく、対話の視点や着眼点が、子供のそれぞれの求めの違いに応えてくれることにもなります。方略3で詳述します。

方略 1

体系で知識をつなぐ
倍概念のストーリー

1　6年間をつなぐ算数の知識の体系

　小学校算数で学ぶ内容は、平成20年告示の学習指導要領では4つの領域（数と計算、量と測定、図形、数量関係）に区分されています。各領域はそれぞれの目標に基づいて内容が示され、学年の発達段階に対応して配列されています。この内容の区分と配列は、各領域の数学的な知識や技能を習得していく上で合理的、効率的なカリキュラムです。しかし、特に数量関係領域に示されている5年生（新4年生）の学習内容である「割合」は、その基盤が「比の三用法」にあり、それは数と計算の領域で1年生で学ぶ、まとめて数える数え方（倍概念）の内容でもあります。

　日常の授業は、この領域を超えた内容を体系的に学ばせることよりも、4つの領域の内容を各領域に固有の知識・技能として個別に習得させることに重点が置かれがちです。そのことが知識の断片的な理解を招き、「割合」の知識を活用することができないという問題の一因になっているのだといえます。

　体系とは、個別の知識間の本質的、構造的なつながりや仕組みのことであり、それは子供の主体的、経験的な思考活動（数学的活動）を通すことで理解を可能にします。また、算数科に固有の「見方・考え方」も、数学的活動を通して子供自身の行為や言葉とともに現れてくる「見えない知識」であり、知識の体系に係わる内容です。知識は体系として理解されてこそ汎用力と活用力のある知識になっていくのだといえます。

　例えば「数と計算」領域の数や計算の意味、計算の知識や技能なども、小学校だけでなく、中学校までの9年間を一貫する数概念、倍概念、量概念等を背景とする体系としてとらえ、数学的な見方・考え方の育成を重視する授業づくりが不可欠です。また、「数量関係」領域の「割合」の学習も、公式を覚え、百分率・歩合の知識を使って問題の答えを出すことより

も、体系となる数概念や倍概念の形成に着目し、数学的な見方・考え方を育成することを大切にしなければならないと考えています。

　私たちは知識の体系に関する問題点を踏まえて、現在、数概念のストーリー、倍概念のストーリー、統計的な考えのストーリーの3つのストーリーの授業づくりに取り組み、領域を越えて内容が絡み合うカリキュラムづくりを試みています。
　折しも新学習指導要領の内容領域が、A数と計算、B図形、C測定・変化と関係、Dデータの活用に再編成されたことは、見方・考え方、数学的な活動などの思考力とともに、絡み合う内容のつながりを重視したことの表れであると考えています。
　特に「割合」は、現行の数量関係領域の内容ですが、それは個別の知識ではなく、数概念や量概念の理解の背景で働く重要な数学的な見方・考え方です。今回、本書ではこの「割合」に係わる知識を体系的に整理し、「倍概念のストーリー」として配列して授業改善を目指しました。

［2］「倍概念」のストーリー

　ストーリーという表現は、子供の思考活動の対象となる内容を、数学的な見方・考え方の視点でつなぐ、6年間の子供の主体的・継続的な学びを指しています。
　そのため、各領域に示されている知識や技能を、それぞれの領域内の系統的に配列しているこれまでの視点とは異なり、6年間を通した「数学的な概念の形成」や「数学的な見方・考え方の深化」に視点をあてて学習内容を選択・配列し、体系的に構成しています。知識・技能を活用する力が不十分だったというこれまでの学習内容と指導の方法の改善に迫る本書の

基本戦略です。

　このことによってこれまで個別に扱われがちだった知識・技能を、知識の背景を貫く算数の本質的な意味を体系的に捉え、継続的に指導することができるようになると考えます。

　"割合"は数量関係領域の内容（平成29年告示学習指導要領では4年生）ですが、その基盤は倍概念や量概念にあります（図-2）。2年生のかけ算（数と計算の領域）での「～のいくつ分（倍）」の理解から始まり、その後のわり算や量の測定・数値化などの理解を通して領域の枠を超えて体系的につながることによって、"割合の概念"として形成されていきます。

　このような6年間を通して知識の体系を理解していく筋道が小学校での数学的な活動であり、「見えない知識」が働き、知識をつなぐ筋道です。授業改革には、この「見えない知識」を見逃さない知識観の転換が教師に求められます。

　ところで"倍概念"体系の理解には、子どもの思考活動がたどらなくてはならない次の2つの筋道があります。　（図3参照）

　一つは、かけ算・わり算の筋道です。異なる2つの数量の関係に着目して、整数、小数、分数へと数を拡張し続けながらかけ算、わり算の意味の拡張を繰り返し、数量を数値化していく筋道です。それは、有理数としての分数（整数、小数も分数表現）を理解して四則を処理する考えへとつながります。

　もう一つは、量の比較・測定の筋道です。身の回りの身近な量を「単位とする大きさのいくつ分」の考えで数値化し、比べることができるようにしていく筋道です。この筋道には量の意味について乗り越えなくてはならない大きな壁があります。それは「単位量あたりの大きさ」や「割合」につながる壁です。長さ、かさ、重さ、面積などのように数える単位を持たない連続量を、その量自体を単位として「基にする大きさのいくつ分」で比較・数値化する倍概念の理解から、人口密度や速さ、百分率や利率など

のように加減できない量を「単位量あたりの大きさ」に着目して比較・数値化する倍概念の理解への拡張です。「単位量あたりの大きさ」は、人口密度や速度のように異なる2量の一方の単位量（1）にあたるもう一方の量の大きさで比較する考えです。一方、百分率は、同種の2つの量の一方の大きさを全体（1）としたとき、もう一方の大きさをそのいくつ分と見るかを、数値化して比較する割合の考えです。前者の長さやかさなどの量を外延量といい、単位量あたりの大きさや割合のような量を内包量といいます。どちらも図-3のように倍概念の体系の重要な筋道です。かけ算・わり算の筋道は、従来の「数と計算」領域の内容を中心としたかけ算、わり算の意味の拡張のプロセスであり、量の比較・測定の筋道は主として「量と測定」領域、「数量関係」領域の内容を中心とした量の数値化のプロセスです。このように倍概念の体系は領域を超えた概念です。※いずれも学習指導要領（平成20年告示）の領域

全国学力・学習状況調査の結果が指摘する活用力の欠如に関する課題は、知識を領域に固有の内容とする指導を重視してきたこれまでの授業づくりの課題だともいえます。

3　6年間を貫く2つのストーリー

前述のかけ算・わり算と量の比較・測定の2つの筋道の6年間の知識を「倍概念の理解と知識の体系化」の視点から組み替え配列した全体を、本書は「ストーリー」と呼びます。それが2つの「倍概念のストーリー」です。

○「倍概念」でつなぐかけ算、わり算のストーリー
○「倍概念」でつなぐ量の比較・測定のストーリー

知識の体系は複数の知識の総和なのではなく、知識をつないで一つの全体とする意味や価値です。

「倍概念」の2つのストーリー

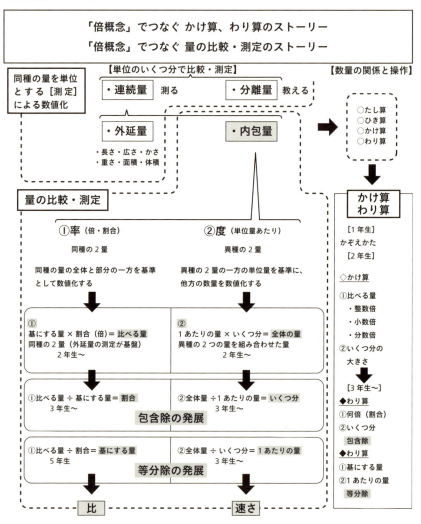

図3

【「倍概念」でつなぐ6年間の主な知識の筋道と内容の配列】

	かけ算・わり算のストーリー 2つの数量の関係と操作 ←→	量の比較・測定のストーリー 単位のいくつ分で比較・測定
1年	**数の大きさを数える** ①一つずつ　数える対象は1つ ②おなじ数ずつ ・同じ数ずつのいくつ分で数える 　数える対象が2つ	**個数を数えて比べる** ①分離量（整数）100までの数量を、 ・1を単位にして数える。 ② 10を10こあつめて数える。 ・10の束（単位）にして数える。
2年	**かけ算の導入　2つの数量の関係** ①（基になる大きさの数量）と（いくつ分になる数量）の2つの組み合わせで表す数量を数える。 ・基になる大きさ・いくつ分の大きさ ・いくつ分の大きさを何倍といい、かけ算（×いくつ）で計算する。 ② 数量を数直線に表す ・数量の大小を長さに表す ・1目盛りの大きさが基になる数、目盛りの数がいくつ分の大きさ。	**数量の相対的な大きさ** ① 分離量（整数）10000までの数 　10の束にして数える。 **長さ、かさを測る・比べる** ①連続量（整数）：長さ、かさ ・同種の量を単位としてそのいくつ分で全体の数量を測る。 ・共通単位や普遍単位（m、L）のいくつ分の数で複数の数量を測って数値で比べる。 ② 長さやかさも何倍を使って数に表して比べる。（測定値）
3年	**わり算の導入　3つのわり算** ①等分除：一つ分の大きさを求める。 ②包含除：いくつ分の大きさを求める。 ③倍を求める。 何倍になるかを求めるわり算 ※かけ算の逆関係としてわり算の数量関係を表現し計算で求める。	**数量の相対的な比較・表現** ① 分離量（整数）千万までの数 　10倍を10倍して数える。 **重さを測る・比べる** ①連続量（整数）　重さ ・重さも、基になる重さとその何倍で数に表し、比べることができる。 ・重さは長さに置き換えて数に表し、比べることができる。
4年	**倍の考えを広げる** ① 何倍でしょう ・何倍の大きさを基に何倍した大きさ ② 小数×整数、小数÷整数 ③ 小数倍 ・小数でも何倍かを表すことができる。 　　　×小数倍 ④ 分数：1にあたる大きさの	**相対的な比較・表現の拡大** ① 分離量（整数・小数）億兆までの数 　10倍の10倍を10倍して数える 　〜の100倍、1000倍・の数量 　　÷10　÷100　÷1000 ② 連続量（整数） ・角：1度を単位として数に表す。 ・面積（正方形、長方形）： 　　1平方cmを単位として数に表す。

5年	倍の考えを、×小数、÷小数に拡張する ①小数×小数 ・かけると答えが小さくなる小数 ②小数倍 ・何倍かを小数で表すことができる 　　　×小数倍 ③小数÷小数 ・数直線に表したらどうなる？ 　整数÷整数と同じ（等分除・包含除） ・倍のわり算 小数÷小数＝何倍 p53 ④分数倍 ・何倍かを分数で表すことができる 　　　×分数倍　1/10倍 1/100倍	小数を単位とした連続量の比較・測定 ① 連続量（小数） ・体積・面積 　　　内包量 **単位量あたりの大きさ** ①比べる数量が2種類あって比べられない。 **割合** ①比べる2つの数量の、一方は全体、もう一方は部分となっている。 ②小数を単位とした割合の表現
6年	倍の考えを、×分数、÷分数に拡張する ①分数×分数 ②割合を表す分数 ③分数÷分数 ④速さ	分数による割合の比較・表現比

　この表に示した知識の筋道の要点を、この後、それぞれのストーリーで述べていきます。

4 かけ算・わり算のストーリー

　特にかけ算、わり算は、単位量のいくつ分といった「倍の考え」を中心概念とする演算です。ただ、それらには「一皿に入っているリンゴが3個のとき、4皿分のリンゴの数はいくつ？」のように「一単位の大きさと、いくつ分の大きさ」が皿とリンゴという異なる2つの数量である場合と、「1本のテープの長さが5センチメートルのとき、3本分のテープの長さは？」のように「単位の大きさと、いくつ分の大きさ」が同じ長さどうしを対象とする同種の2つの量の場合があります。この2つは、整数から小数へ、さらに分数への数の拡張にともなって前者が混み具合や速さなどの単位量あたりの大きさに着目したかけ算、わり算の意味の拡張へ、後者は全体量Aを1と見たときのもう一方の同種の量Bの相対的な大きさ **(割合)** に着目したかけ算、わり算の意味の拡張へと発展していきます。これが、かけ算、わり算の意味から割合に迫る倍概念の筋道です。この筋道が**かけ算・わり算のストーリー**です。

　一方、「倍概念」には量の比較と数値化の側面から割合に迫る筋道があります。この筋道を**量の比較・測定のストーリー**と呼び、2つのストーリーについて次項4.で述べていきます。

　割合の理解の困難さと指導の難しさの原因の一つに、この2つの筋道の体系の理解があると考えています。

　以下、各学年の重要な知識の要点を述べていきます。

1年生「数の大きさを数える」

[一つずつ、おなじ数ずつ]

　1年生では、10までの範囲の数を具体的な物（分離量）と一対一対応させて数えるだけでなく、2ずつ、5ずつなど同じ数ずつまとめて数えるこ

とを学習します。これが単位（相対数）を意識して数えることを経験するスタートです。

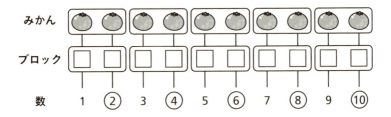

　上の図で、みかんの数はブロックなど半具体物に対応させ、それを一つひとつの数に対応させて数えます。みかんにもブロックにも最後に10という数が対応します。ところが、みかんを2個ずつにまとめると、2個を一つのまとまりとした5つの束の数も数えることになります。この2個で1つのまとまりが一単位となります。上図で、皿にみかんを2個ずつ置いたと考えると、みかんの全体数を知るのに皿の数も数える対象になります。このみかんと皿が、5年生での「単位量あたりの大きさ」の考えのいわゆる"異種の2量"につながっていく数量です。この段階で子どもに強く意識させることはありませんが、何を数え、何を比べるのかといった数える対象となる数量への意識はとても重要です。これから学ぶかけ算、わり算の知識の体系化に欠かせない「倍概念」の理解につながるからです。数の大小や数え方だけでなく、数える対象となる数量への意識や、絵図、言葉に表現する活動体験がこの後、「見えない知識」を働かせ、「気づき」や「問い」を引き出すことにつながっていきます。

2年生「かけ算の導入」

[2つの数量への意識]

2年生でかけ算の学習が始まります。ここで倍（ばい）を学びますが、指導の重点は九九の習得に偏りがちです。同じ数ずつまとめて数える単位のいくつ分の考えをかけ算として立式し、計算することを学びます。

このとき、かけ算の意味を「倍概念」の素地として割合の考えへと深め発展させていくためには、2つの数量の対応と変化の関係を関数的に理解させるだけでなく、変化の対象となる2つの数量の意味そのものにもっと強い意識を向けさせることが必要だと考えます。

教科書には下図のように、かけ算の導入場面で「単位のいくつ分」に気づきやすい身近で多様な場面が挿絵で示されています。これは、九九の指導の前に大切にしなければならない重要な場面です。九九で数える対象となる2つの数量を強く意識しなければならない場面だからです。

挿絵にある車両と人、カップと人など、数える対象となる対（つい）になった２つの数量を意識させ、その大きさを自分でノートに絵図で描いたり他者に言葉で伝えたりなど具体的に表現させることがとても大切です。一方は同じ数ずつがいくつあるかを示す数量、もう一方はその一つ分の同じ数にあたる数量です。挿絵の「車両が３台あります。１台に４人ずつ乗っています。」という状況では、車両の数３台が「いくつ分」を示す数量であり、４人という人の数は「１台あたりの大きさ」を示す数量です。どちらも、問題の場面の中で数に表す身近で具体的な対象として示されている２つの数量です。この２つの数量の関係が「倍概念」の体系の基盤となってかけ算、わり算の意味の拡張、割合の概念へとつながっていきます。身近で多様な２つの数量の組み合わせを意識して全体数を数えたり比べたりする経験が、倍概念の体系の理解には欠かせない要件です。

[何ばいを考える]

　２つの数量の関係は、前述の様な２つの数量の対応だけでなく、同一の数量どうしの対応もあります。下のように長さを比べる場合がそうです。

ア　２つ分の 長さは 何cmに なりますか

イ　３つ分の 長さは 何cmに なりますか
　　かけ算の しきに かいて もとめましょう。

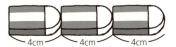

けしゴムのいくつ分の長さは、同じけしゴムの長さをもとにして何倍で表すことになります。この対応する2つの数量が同じ長さどうしである場合と、異なる2つの数量である場合があることを意識して比べたり表したりさせることが、とても大切です。

[絵図、数直線に表す]
　かけ算の場面は、問題文を直ちに式化させ求答させるのではなく、2年生でも絵図や数直線に置き換え、場面を視覚化して考える経験をさせておくことが大切だと考えます。

　上の問題の場合、式で表せば、3×4＝12であり、場面を絵で表せば次のようになります。

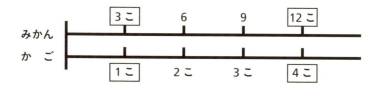

　この図は、下のようにそのまま2本の数直線に置き換えることができます。

　2本の数直線による表現で倍の関係が捉えられやすくなり、3年生のわり算の導入へとつながります。かけ算の導入は「倍概念」の体系の原点です。

3年生「わり算の導入」

［等分除］

　かけ算の経験を基に3年生ではわり算が導入されます。まず、全体の数量をいくつ分に等分し、その一つ分を求める場面と出合います。

> 24このあめを、3人に同じ数ずつ分けると、1人分は何こになりますか。

　このように全体数24個を3人に同じ数ずつ分けて1人分の大きさを求める計算をわり算といい、24÷3と立式します。これが等分除です。答えは、次のようにかけ算に置き換え、3の段の九九を使って求めます。

　　$\boxed{一人分の数} \times 3 = 24$　→　$\square \times 3 = 24$
　　24÷3＝8　　　一人分は8個

　わり算の立式と九九による求答の仕方が知識として重視されますが、大切なことが見落とされていると思っています。それは倍概念の体系の視点です。数える対象となる2つの数量への意識です。一つはあめの数です。全体数と一人分の数量のことです。もう一つは人の数です。これは何人分という分割を示す数量ですが問題場面では人の数として表現されています。

　このかけ算とわり算の数量の関係は、次のページの図のように2本の数直線に表すとよく分かります。上段の数直線はあめの数で、全体数や1人分の大きさを示しています。下段は人数です。人数は1つ分、3つ分など、分割するいくつ分を示す数です。aに当たる1人分の個数を求めるのが等分除です。等分除の結果が、求められている数量の大きさであり、かけ算ではもとになる数量にあたります。

　この2本の数直線による表現は、この後、先かけ算わり算の意味を拡張し、倍概念を体系化していくプロセスで重要な働きをする数学的表現で

す。

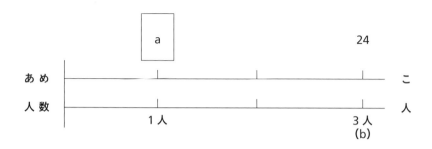

　数直線による表現は、子供が自分でノートに描いたり描き直したりしながら完成させていくようにすることが大切です。そのためには、数直線だけでなく具体物を使って実際に操作する、分ける手順や数量の大きさ絵図に表すなど、数量の関係を多様に表現して、他者に分かり易く説明したり伝え合ったりすることを大切にします。このような活動が、子供自身の「見えない知識」を「倍概念」の知識の体系としてつないでいく思考の後押しをしてくれます。

[包含除]

> 12このあめを、1人に3こずつ分けると、何人に分けられますか。

　わり算にはもう1つ意味があります。全体の大きさも1人分の大きさも分かっているとき、何人に分けられるか（いくつ分）を求める場面です。これが包含除です。包含除も等分除と同じ数直線に表すことができます。前述の数直線の（b）3人分を求める場合がそうです。この3人分は、このあと「何倍か。」を表す数として割合を表す数になっていきます。かけ算とわり算の関係理解や等分除と包含除の違いの理解が、倍概念の体系的に理解していく筋道です。

　包含除も具体的な操作や多様な絵図表現で自分の思考を確かめながら知

識をつないでいくことができるようにすることが大切です。

[倍を求めるわり算]

問題　「赤いロープは、青いロープの長さの何倍ですか。」

　上の問題は、赤いロープと青いロープの長さを、実測値のちがい（差）ではなく「赤いロープは青いロープの何個分？」という倍で比べることを求めています。また、等分除や包含除の場面の２つの数量は、数える単位が異なる対象だったのに対し、この場面は同じ長さという連続量が対象です。

　これは「3mの何倍か？」が21mだから、3×□＝21　□は倍を表し、21÷3　と立式するわり算になります。答えは３の段の九九で求めます。

　ここでも次のような２本の数直線が大きな役割を果たします。同じ長さ同士の場合、青の長さを全体（1）とすると、もう一方の赤の長さはその７つ分で、赤と青の実測値は長さとして上段の数直線上に同時に表すことができます。このとき、下段に表されるのは、倍です。このように数値化の対象や数直線での表現が、等分除、包含除とでは異なっていることの理解が、割合の理解にはとても重要です。計算指導に偏ることなく、３年生の段階で十分に配慮しなければならない倍概念の内容指導の重点です。

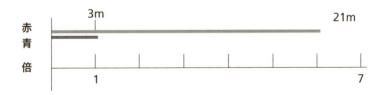

　一方を１とみたとき、もう一方をそのいくつ分とする数の相対的な見方が倍概念の理解につながります。

4年生「小数倍のわり算」

4年生では、連続量、億や兆などの大きな数量、1/10 や 1/100 など 1 よりも小さい数量を簡潔に操作・処理していくのに十進位取り記数法の原理に基づいて数を相対的に表し、比べる倍概念の内容です。**小数×整数**、**小数÷整数**の場面など、整数の場合と同様、絵図、数直線、言葉に表し、説明する活動を何度も繰り返し、倍概念を拡張させていきます。

[小数倍]

さらに4年生では、小数を学習した後下の問題状況のような**「何倍かを表す数が小数になる」**場合に挑戦します。

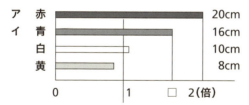

イの「青は白の何倍ですか？」を数直線に表したのが上図です。青はかけ算で 10×□ = 16、わり算では□ = 16÷10 と式に表されます。数直線から赤は白の2倍（整数倍）であることが分かりますが、同様に青は白の小数倍になることも分かります。わり算□ = 16÷10 の結果は1.6倍になり、何倍を表す数は、整数だけでなく小数で表す場合があることの理解は、倍概念のストーリーにとってとても重要です。5年生での小数×小数の場面につながります。

5年生「小数倍と分数倍」

[×小数]

4年生での小数倍の理解で、5年生ではかけ算やわり算で処理できる身近な量の範囲が、次のような ×小数の場面に広がります。小数のかけ算では、1より小さい数をかけると、答えがかけられる数よりも小さくなることも理解できるようになります。

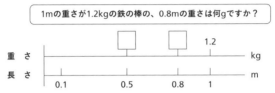

上図のように、2つの数量の関係を表す数直線に小数（0.1）を単位とする目盛りが刻まれます。×0.8の計算は0.1の8つ分や8倍と考え、小数の0.1を含めて ×整数と同じように「1にあたる大きさの8つ分や8倍にあたる大きさ」を求めるかけ算であることへ倍概念の意味が拡張されていきます。

[小数÷小数]

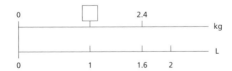

図のように2つの数量がどちらも小数の場合も、整数の場合と同じように数直線に表すことができます。一つ分の大きさを求める等分除の考えと同じ仕組みです。1.6 Lが何倍（割合）を表し、2.4 kgは全体の大きさ、何倍（割合）に当たる大きさを表しています。求めるのは1に当たる大きさです。

[分数倍]

5年生では $2 \div 3 = \frac{2}{3}$ といった、わり算の商を分数で表すことができることを学習した後、整数、小数と同じように、何倍かを表す数が分数になることもある（下図）ことへと理解を深めることが大切です。このことで、かけ算、わり算が小学校での四則の完結となる分数×分数、分数÷分数で処理できる範囲にまで広がっていくことになります。

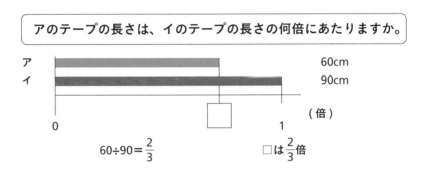

$\frac{2}{3}$ 倍は、イのテープ 90cm を 1 としたとき、アのテープは 60 cm が $\frac{2}{3}$ の割合にあたることを表しています。この何倍を表す数は、整数や小数と同様に分数でも表すことができることを理解します。

この分数が倍を表す数であることの理解が分数は割合を表す数でもあることへの理解へ、さらに 6 年生での分数×分数、分数÷分数の計算、比の理解へ、そして、本書が目指す割合の深い理解へとつながっていくことになります。

6年生

[分数×分数] と [分数÷分数]

5年生までに「倍概念」でつないできたかけ算、わり算の知識の体系は、6年生の分数×分数と分数÷分数に集約されることになります。身近で多様な事象の四則による処理が有理数という数の範囲で可能なります。

5 量の比較・測定のストーリー

　これまでは、倍概念の体系を基盤とした数概念の拡張にともなうかけ算、わり算のストーリーについて述べてきました。このプロセスは同時に、量の比較と数値化の拡張のプロセスでもあります。量の比較と数値化のストーリーは、倍概念の体系を支える一方の車輪です。

1年生　分離量の数値化と比較

[個数を数える]

　1年生では、身近なものの数量を数え、その大小を比べていきます。量は分離量から始まります。数える対象となる事象を仲間分けして、一個一個のものに数を対応させます。10のまとまりを1つのまとまりとして、10が3こで30、10こで100など、「2、5、10などのいくつ分」といった倍概念によって数を拡張させ、身近なものの数を数で表し、比較することができるようになります。数の集合を合わせたり、分割したりなど量の性質を使って足したり引いたりする経験も始まります。

2年生　連続量の数値化と比較（測定）

[長さをくらべる]

　2年生では分離量と同じように、長さやかさといった連続量を数値化して比較することを経験します。長さやかさには個数を数える単位がないので、単位は「同種の長さを単位としたいくつ分」で数値化して表したり比べたりします。これが倍概念に基づく量の測定の考えです。もとになる単位を決めて数値化していく考えが倍概念の知識の体系をつくっていきます。形式的に普遍単位で数値化することを急ぐのではなく、子供自身が最適と思える単位をつくり出していく活動が「見えない知識」を働かせるこ

とにつながります。そのためにも下のような、(あ)(い)のながさを自由に比べさせ、表現させる活動がとても重要です。

特に量の比較と数値化では、「そろえる」活動の繰り返しが「見えない知識」の働きを活発にしてくれます。

動かして端をそろえる

テープを動かして左のはしをそろえると、右のはしで長さの違いが分かります。「(い) が、ちょっとながい。」

大きさをそろえて数える

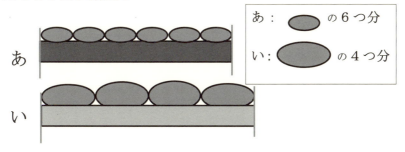

「(あ) の方が2つ分長い。」「並べている ⬤ (単位) の大きさがちがうので、比べられない。」など、単位の大きさをそろえる発想も生まれます。「もとになる大きさのいくつ分」や「どちらも同じ大きさの ⬤ で数えれば、比べられる。」など、数えるもとになる大きさを任意に決め、表現活動をくり返しながら同じ長さの単位を並べることが大切なことに気

付かせていきます。さらに、(あ)(い)を比べる場合にも、同様に単位の大きさに気付いて説明したり表現したりをくり返す活動がとても大切です。

単位の大きさに対する多様な「気づき」や「問い」をできるだけ自由に話し合わせて理解を深めさせていくことが大切です。

かさの大きさも同じように「そろえる」アイデアを十分に体験させ、話し合わせて、量の数値化と比較の考え（測定の考え）を深めさせるようにします。

長さやかさは、cm や L などの同種の量を普遍単位で数値化することで、身の回りのものの大小も、単位に着目すれば比較が容易になることの理解へと深まり、倍概念の体系につながっていきます。また、比較は量そのものの実測値だけでなく、決めた基準の大きさのいくつ分という相対的な大きさで比べることの経験にもなります。

3年生　連続量の比較・測定

[重さをくらべる]

重さは目で見てその大小の判断がしにくい連続量です。量を数値化したり比べたりするとき、基準となる何かを「そろえて」測定することが大切であることに着眼するのが倍概念です。手に持てるくらいの重さの物であれば、両手に持って左右のバランスを取りながら判断することもあります。左右のバランスをとることが「そろえる」工夫につながります。

※これまでの経験から、両手で天秤のようにバランスを取る方法で、「見

えんぴつと三角定規って、どちらが重たいかなあ。

えない知識」を働かせる。

てんびんにのせると、三角定規の方にかたむくぞ。
三角定規が、ちょっと重い。

ちょっとじゃなくて、どれだけ重たいって、数でくらべられないかな。
同じ大きさのおもりを使って、いくつ分を調べたらどうかな。

「えんぴつは、おもり4つ分だね。」

「三角定規は、おもり6つ分だよ。」

「三角定規の方が、おもり2つ分重たいっていえるね。」

　天秤の一方にえんぴつと三角定規をそれぞれを乗せ、もう一方には小さなおもりを乗せてバランスが取れたときのおもりの数を比べるなど、おもりの大きさや数を多様に試しながら、おもりの大きさをそろえて数値化していく経験が、単位のいくつ分（倍概念）の考えを深めていくことにつながります。おもり（単位）の大きさを工夫すれば、いろいろな大きさの重さを比べることができることにも気づくことができるようになります。こうして重さも、長さやかさと同様に普遍単位（g、kg）を使って比べることができることを、自分で発見することにつながります。また、重さは、バネばかりのように長さに置き換えて単位の大きさを数えることができることにも気づかせることが大切です。

連続量の数値化は、測定器具を使った普遍単位による数値化を急ぐのではなく、自分たちで「より多様な物を、より測りやすくする」ために身近な物を使って「単位のいくつ分」を体験する活動の時間を十分に与えることを大切にします。

4年生

[広さをくらべる]

　広さの比較は、辺と辺、角と角をぴったりそろえて重ね合わせることから始まります。しかし、形が異なると重ねてそろえることができません。そろえ方を工夫する必要がでてきます。それが、長さやかさ、広さで積み上げてきた倍概念「単位のいくつ分」の考えを活用することにつながっていきます。求めたい広さを数えるための単位が必要になるからです。広さにも長さやかさ、重さのようにぴったり敷き詰めていくことができる単位となる広さが必要になります。具体的な活動を通して、広さを数えていくために使いやすいのは正方形を単位にすることであることや、正方形にすると、隙間なく敷き詰められ、数えやすいことを発見させていくことにつながります。このように「単位のいくつ分」の考えは、一方の量を1とみたときの、もう一方の量の大きさを表す考えであり、これが倍の考えでもあります。倍の考えは、数の相対的な表し方であると同時に、量の相対的なとらえ方にも関わる考え方でもあります。様々な場面で体験的に、これまでの様々な量の比較と数値化の経験を試させることで、形式的に公式を求めるのではなく、「見えない知識」を存分に発揮しながら面積の理解が深められていきます。

5年生　内包量の比較・測定

[単位量あたりの大きさ]

「このままでは比べられない!!」これまでの比較と何かが違う??

　長さやかさ、重さ、広さは、単位のいくつ分に着目して実測し、その数値の大きさで比べることができてきました。この経験に立って次の場面の大きさはどのように比べたらいいのか。子供たちは、次のような新しい場面に出合います。

> 　A、B、Cどの部屋がいちばんこんでいますか。

混み具合の場面の挿絵　5年p147

[部屋わり]

	A	B	C
たたみの数	10まい	10まい	8まい
ねこの数	6人	5人	5人

　問題場面には、A、B、Cの部屋の混み具合を比べるのに必要だと思われる数量は2つあります。一つはたたみの数、もう一つはねこの数です。
　AとBの比較は、たたみの枚数がそろっているので、ねこの数で比べ

ることができます。BとCではたたみの枚数は違いますが、ねこの数が同じでそろっているので、比べることができます。しかし、BとCはどうでしょうか。どちらの数量もそろっていないのでこのまま比べることができません。何かをそろえる必要があります。公倍数を使ってたたみの数をすべて40枚にそろえると比べることができます。このとき、2つの数量に比例関係があることが前提です。他の数量にそろえて比べることはできないか。これまでのかけ算、わり算のように2つの数量の倍の関係に着目すると、それぞれの部屋の2つの異なる数量を、以下のようにどの部屋も2本の数直線に表して比べることができるようになります。

　公倍数で40にそろえるか、1あたりの大きさにそろえるか、もっといろいろなそろえ方を通して子供自身に考えさせることが大切です。これが「単位量あたりの大きさ」で数量を比べる考え方です。これまでと違って、実測値をそのまま比べることができません。異種の2量の関係を割合で表すことで可能になる量の比較です。このような量がp.26のストーリーの図に示している内包量といわれる量です。混み具合や人口密度、速さなどがこれにあたります。

　数直線には次図のように単位量あたりの大きさにそろえた数と公倍数にそろえた数を同時に表すことができます。このとき、2つの数量は比例関係が成り立っていることが前提です。活動を通して、この数直線上に並ぶどのような数量も単位量（1）にそろえると、簡潔に比べることができることに気づかせることが大切です。子どもの考えを、唯一の正解として受け止めるのではなく、つながる考えとして受け止めていくことが、「見えない知識」を刺激し続けていくことになります。この単位量あたりの大きさを求める考えは、わり算の等分除の考えの発展型と考えることができます。

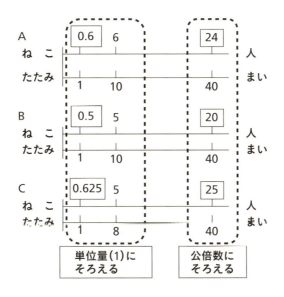

[割合]

単位量あたりの大きさと同じように、測定値だけで比べることができない次のような場面もあります。割合の場面です。

> 定員とくらべて希望者が多いのはどのクラブですか。

[各運動クラブの定員と希望者]

クラブ	定員（人）	希望者（人）
ソフトボール	20	40
サッカー	25	45
バスケットボール	15	21
陸　上	15	12

　この問題場面は、資料にある運動クラブの定員数と希望者数から入りやすさを比べる場面ですが、資料の数値ままでは比べることができません。定員に対する希望者の数をどのように考えればよいのかが問われていま

す。

　比べる数量は、希望者数の大小があります。サッカークラブの45人が一番多く、入りにくいと考えられますが、定員数がそれぞれ異なることから希望者数だけでは判断できません。ここで定員数に対する希望者数の大きさといった基準量と比較量が意識され始めます。

　ソフトボールクラブの希望者数は定員数に対して2倍であり、半分しか入ることができないこと。陸上は定員数に対して希望者数が少なく全員入ることができること。サッカークラブは定員数と希望者数との差が20あり、ソフトボールクラブと同じであること。また、バスケットボールクラブと陸上クラブとは定員数が15人でそろっているので、希望者数を比べるだけで分かること。一方の大きさがそろっていないために、何かをそろえる必要があること。など、単位量あたりの大きさの学習での比較の考えも意識されることになると考えます。しかし、今回は同種の量（人数）どうしの比較であるために、単位量あたりの大きさの比較のように2本の数直線を使うことも困難です。ここで必要なのが、今分かる範囲の情報や気づきの言葉を絵図（線分図）に置き換えて表す数学的な表現です。

　ソフトボールは、図でも希望者が定員の2倍であることがよく分かります。

ソフトボールクラブ	
定　員　▬▬▬▬▬▬▬	20人
希望者　▬▬▬▬▬▬▬▬▬▬▬▬▬▬	40人

　バスケットボールと陸上は、定員の大きさがそろっているので希望者数の長さで判断することができます。陸上が定員に満たないことも一目で分かります。

陸上クラブ	
定　員　▬▬▬▬▬	15人
希望者　▬▬▬▬	12人

| バスケットボールクラブ |

定　員　▬▬▬▬▬▬▬　　　　　15人
希望者　▬▬▬▬▬▬▬▬▬▬　21人

　サッカーは、図を見ただけでは他の3つのクラブと比べることができません。

| サッカークラブ |

定　員　▬▬▬▬▬▬▬▬▬▬▬　　　　25人
希望者　▬▬▬▬▬▬▬▬▬▬▬▬▬▬▬▬▬▬▬　45人

　ソフトボールクラブへの入りやすさだけは図でも数値でもはっきりと表すことができることに着目させます。つまり、希望者数が定員数の2倍であるとき、定員数は1倍であるという倍の考えへの帰着です。それは20人に対する40人が、40÷20で2倍になっていることへの気づきです。

　そうするとサッカーは2倍よりもちょっと小さい（45÷25）数であることが分かります。陸上はどうでしょうか。この場面は、3年生での倍を求めるわり算や4年生での小数倍のわり算で経験してきた場面と同じです。陸上でも、定員に対する希望者の大きさは12÷15のわり算で、定員数1よりも小さい0.8であることに気づかせることができるのです。実測した大きさに関わりなく、一方を全体1に対して一方の大きさは何倍になるかを求めることで比べることができることが分かるようになります。

　これらはどれも絵図と言葉で「見えない知識」を動かし、倍の知識を活用しながら割合の考えに迫っている子供の思考の姿です。
　さらに、これらの関係は2本の数直線では次のように、もとにする量とくらべる量、割合で数値化して比べ、処理することができることの理解へと思考を進めることができるようになっていきます。
　同種の量である人数は、一方の数直線に基準量と比較量を表すことができます。もう一方の数直線には、基準量を1と見たときの比較量の割合を

表すことで、これまで学習してきたわり算の数量関係と同じように2本の数直線に表して処理することができることを理解することができるようになります。

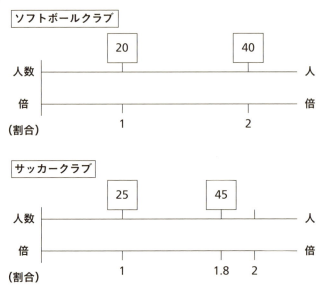

6年生　内包量の比較・測定

［比］

　比は同種のいくつかの量を、直接比べないで、適切な基準量を決めて、相対的な大きさで比べることをいいます。また、測定と比とでは、測定が、例えば1m、1kgのような特定の大きさの単位が共通の基準量であるのに対して、比の基準量は、比べる各量に対して共通でありさえすれば、どんな大きさでもよいところに違いがあります。

　　2量　が　a：36cm　　b：48cm　の場合について考えるとき、

　　測定　　　a：1cm　（基準量）の36倍
　　　　　　　b：1cm　（基準量）の48倍

　　比　　　　例えば、基準量を、12cmにして

a：12（基準量）の3倍　　　3
　　　b：12（基準量）の4倍　　　4　　と比べても
　　基準量を、6cmにして
　　　a：6（基準量）の6倍　　　6
　　　b：6（基準量）の8倍　　　8　　と比べても

基準量がa、b共通でありさえすれば、基準量の大きさを変えても相対的大きさで比べることができます。

割合も同様に2つ以上の量を比べるのに、絶対的な大きさを直接比べるのではなく、ある基準量に対する相対的な大きさを用いて比べる考えです。

ある相対的な大きさを求めることに関しては倍を求めることも、比を求めることも、割合を求めることも同じです。ただ、倍が基準量は1つに決まっているのに対し、割合は2つの量の基準量がそれぞれ違っている場合が多くあります。例えば、

ある学級での今日の出席人数、男子：25人中21人、女子：16人中15人の場合、「男子と女子、どちらがよく出席しているといえるか。」の男女の出席率を比べるとき、基準量は、男子は25人、女子は16人と異なっています。このように基準量が違う場合を比べるとき、下のように割合（相対的な大きさ）を用いて比べることができます。

　　　25人に対する21人　　21／25＝0.84
　　　16人に対して15人　　15／16＝0.9375

[比とその利用]

　酢30mL、サラダ油50mLを混ぜて、ドレッシングをつくります。
　どのスプーンを、どのように使えばドレッシングができますか。

 酢30mL　　 サラダ油50mL

　知識やその体系は、一つ一つの知識がこのようにつながり合って意味を発揮するものであり、バラバラではそれぞれの知識が持つよさや意味を活用することなはつながらないのです。

[速さ]

　乗り物や動物の動きが速い、遅いなど、速さは身近で感覚的な概念です。しかし、動物の走る速さは、下のような状況で一定の時間に走る距離で比べることができます。

問題「カンガルー、ダチョウ、キリンの中で、どの動物がいちばん速いか調べましょう。」

	道のり	時間
カンガルー	200 m	10 秒
ダチョウ	180 m	8 秒
キリン	125 m	8 秒

　この問題場面は、5学年で学習した「単位量あたりの大きさ」の考えを活用し、1秒あたり(時間)に走る道のり(距離)の異種の2量の関係に着目して比べることができます。ただ、速さは、単に1単位量あたりの大きさなのではなく、一定の時間に、一定の距離進む比例の関係にある2量として考えることが必要です。ですから一定の時間の選び方は必ずしも単位時間である必要はありません。そのために、速さにおける2量の関係は、(速さ)＝(距離)÷(時間)という関係式で表します。そして、複数の速さを比べるには秒速、分速、時速といった単位時間あたりで比べることが便利であることの理解へ導くことが大切です。

　実践編で、「ノート」で思考し対話する具体的な子供の姿を紹介します。

数直線による思考表現のよさについて

　数直線は問題場面の情報の数量の関係（大小、順序、関係等）を分かりやすく視覚化し、関係づける働きをする思考の道具です。

　文章や数値、記号で示された問題場面の情報間の関係や不明な情報などを視覚的に表し、場面を簡潔に整理してくれます。このことが、子供の「気づき」「問い」を引き出し、思考を動かすことになります。

[1本の数直線]

　1本の数直線には必ず目盛りをとります。この目盛りの大きさが数直線に表す数量の大きさを決めます。1目盛りの大きさを自在に変えることで、整数、小数、分数で表すどのように小さな数量も大きな数量も表すことができます。大きさや順序、変化を一目で判断することができるようになります。

【整数・小数・分数の大きさや順序を表す数直線】

　数直線の始点は0（ゼロ）です。一目盛りの大きさ（a）によって数直線が表す数量の大きさが分かります。整数、小数では十進数の仕組みに基づいて目盛りを取ります。（a）が1のとき（b）は10ですが、大きい数では一目盛りの大きさを変えて表現します。（a）を100に取れば（b）は1000です。0と1の目盛りの間の0.1や0.01などの小さな目盛りを刻んでいくのが小数の数直線です。分数の数直線の一目盛りの大きさは、単位分数で表します。

　数直線では問題場面に示されている数値等の情報が目で見て分かるように表されます。数直線に表すことで、数量関係は言葉で補完したり、さら

方略1　体系で知識をつなぐ　倍概念のストーリー　53

に分かりやすく再表現したりすることができるようになります。

また、このような絵図化・言語化が、自分だけでなく他者との対話を容易にし、互いの考えを共有し合って深めることにもなります。対話活動については方略3で詳述します。

[2本の数直線]

また、次のように数直線を2本並べて使うと、2つの数量間の関係を分かりやすく表すこともできます。かけ算やわり算、規則的に変化する2つの数量の関係など、2本の数直線に表すと、言葉だけでは分かりにくい数量の関係を一目で判断することができようになります。数量の絶対的な大きさとその相対的な大きさを表すことで割合をとても分かりやすく表すことができるのです。

かけ算、わり算の意味や立式の理解など、特に倍概念の体系の理解には不可欠です。この視覚的な絵図情報に言葉の情報を加えることで、考えが具体化され、客観的に分かりやすく伝えることができるようになります。

【数量間の関係や相対的な大きさを表す2本の数直線】

2本の数直線は、すべての子供がノートにかいて活用できるように、スキルとして身につけさせておくことが必要です。徹底してかくことができるようにしなくてはなりません。

※「方略1」の教材例は、教科書『わくわく算数』(啓林館、平成29年度) を参考に執筆。

方略2

表現で思考をつなぐ
ノートでつなぐ「表現活動」

絵図化（P）・言語化（L）とは

思考を具体的に見たり、伝えたり、操作したりすることができるように、絵図や言葉に置き換えて表すこと。

絵図化・言葉化による表現の3つの様相

問題場面や考えを、

1. P、Lそれぞれの特性を生かして、それぞれで表す。
   ①絵図（P）で表す　　　②言葉（L）で表す

2. P、Lそれぞれの特性を組み合わせて表す。　　（相互補完）
   ①絵図を、言葉で補完する　　P＋L（補完）
   ②言葉を、絵図で補完する　　L＋P（補完）

3. 補完された内容で原表現を修正し、再表現する。　（相互強化）
   ①言葉で補完されている絵図を、絵図だけで再表現する。
     （絵図の強化）　　P＋L　→　　P＋P′で
   ②絵図で補完されている言葉を、言葉だけで再表現する。
     （言葉の強化）　　L＋P　→　　L＋L′で

［1］「絵図化」「言語化」による思考表現

　方略-1では、思考活動の対象となる算数（倍概念）の知識と小学校6年間の体系について述べました。方略-2と次の方略-3では、そこで展開する思考活動の具体的な様相と方法について述べていきます。まず、方略2では「絵図化・言葉化」による思考の表現活動について考えます。

　算数の問題の多くは、問題場面の状況や数量関係を示す情報が言葉、数値、記号等に言語化されて提示されます。子供は与えられている情報と自分が蓄積してきた知識を使って思考を始めますが、それらの情報や知識だけで納得の結果を導くことは困難です。問題場面がさらに複雑になればなおのことです。「ここが分からない。」「これはどうすればいいの？」など、子供はもっと多くの情報や知識の必要性を強く感じ始めます。

　そのとき、子供の一人ひとりのその思いや願いに応えるのが、問題場面や考えていることを絵図や自分の言葉に置き換え、可視化する「表現活動」です。

　子供にとって「表現活動」は、問題場面を処理する思考の手段であるとともに、問題場面の算数的な内容の体系的な理解につながる思考の目的でもあります。

　絵図化による表現活動は、問題場面に示されている情報（言葉や数値、関係等）や、情報間の関連、情報の全体と部分の関係などを、絵や図に視覚化して、問題の仕組みと思考のズレを明確にしていく活動です。

　また、与えられた情報だけでなく、今、そのときの「気づき」「問い」や考えを、絵図に描き加え、描き直し、自分の思考の今を見える化する働きもします。「おや？」と感じたその疑問を、そのとき絵図にチェックすることが問題の状況を分かり易くし、新たな「気づき」「問い」につながっていきます。

言葉化による表現活動は、絵図化した問題場面の状況や思考の意味・根拠を、言葉で具体的に補う表現活動です。

　絵図表現だけで意味・根拠を表すことは困難ですが、言葉や文字・文章で補ったり他者に話して説明したりすることで、考えを分かりやすく伝えることができるようになります。

　他者に説明する活動では、「なぜそのような絵図に表したのか。」「それにはどのような意味があるのか。」などを、言葉で効果的に伝えることができますし、他者の説明も同様に理解しやすくなります。

　算数の授業では、絵図化も言語化も思考を動かす重要な活動であり、これらが互いに補い合うことによる効果は、もっと授業で活用すべきです。

　しかし、**「言葉で書く」**という表現活動は、頭では分かっていてもなかなか具体的な言葉・文字・文にすることが難しい活動です。ですから子供には、こう書かなければならないというような制約をできるだけしないで、自由に書かせることが大切です。他者との対話を通しながら何度でも修正を重ねながら、自分が感じている内容を自分の言葉で表現していく学びを確実に丁寧に積み上げさせていくことが大切です。

絵図化による表現	言語化による表現
問題場面に示されている複数の情報（要素）の全体的な構成や視覚的イメージを絵図に表現する。 ・場面を構造的や全体と部分のつながりを視覚的に表す。 ・情報の具体像や情報間の関係を視覚的に表す。 ・情報を具体的、視覚的に操作・処理する。	絵図化された問題場面の情報（要素）の全体像やつながりの意味や根拠を言葉で表現（説明）する。 ・絵図化した情報のつながり方や全体との関連の意味（何か、どのようにか）を説明する。 ・その根拠（なぜ）を説明する。 ・絵図では表現できていない部分の意味や根拠を説明する。

2　相互補完と相互強化による表現力の向上

　この二つの表現活動は、それ自体が問題解決に直接結びついていく完成された活動ではなく、見えている情報を操作して「見えない知識」を動かすことを一番の目的とする活動です。

　思考することとは、少しずつ問題の核心に迫っていくことであり、何度もやり直し、繰り返すことです。特に算数の授業は、文章で提示された問題に対する抽象的な思考処理を必要とします。だから絵図化、言語化の表現活動が大切なのです。その重要性はこれまでも強調され、実践されてきました。しかし、その働きを十分に生かし切ることは不十分だったといえます。それは、二つの表現活動のそれぞれの働きが個別の活動として捉えられ、これらが互いに関わり合い影響を与え合って、互いを補い合う働きの効果への意識が弱かったということです。

　言葉で説明しにくい内容を絵図で、絵図に表しにくい内容を言葉で、一方がもう一方の弱点を補う相互補完の働きは、もちろん、これまでも実践されてきました。不十分だったのは、「相互強化」の働きです。

　「相互強化」とは、一方の弱点を、もう一方が補う働きだけに注目するのではなく、一方の弱点の修正・改善を積極的に促す働きに注目することです。それはたとえば、絵図で十分に表せない弱点を言葉で補うだけでなく、絵図の弱点自体の修正・改善を促し、絵図の再表現によって強化するという働きです。弱点は、一方からの補完で終わらせるのではなく、それ自体を強化することへと向かわせることが大切です。そこから再表現を繰り返す思考活動が始まることになります。

　「今の説明（言葉）を、絵図ではどのように表し直せばいいか。」「絵図を描き変えよう。描き直そう。」「絵図に描き加えよう。」「絵図に表しているのに言語化できていないところはどんな言葉で表せばいいだろうか。」

「この言葉で絵図を十分に説明できないのならば、言葉を変更・改善しよう。」などが、絵図化と言葉化の相互強化です。表現活動の相互補完、相互強化は、それ自体が数学的な思考活動だといえます。

そして、このような複数の表現の相互作用の働きを刺激し、活性化するのが、他者と多様に関わり合う"環境"です。他者と説明し合い、伝え合い、理解し合うことで相互作用が働きます。それが、もう一方の方策、対話的な思考活動です。「対話活動」については方略3で述べます。

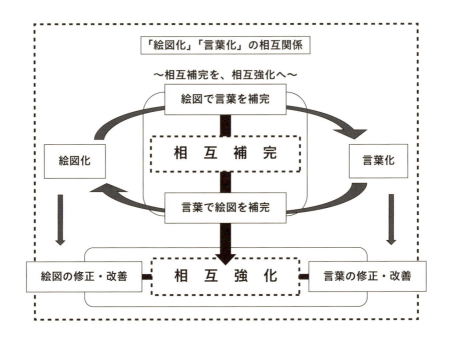

3　表現の多様性と思考の活性化

　ストーリーによる思考活動は、絵図化と言語化の相互補完と相互強化によって修正・改善が繰り返され、深められていきます。特に強化の働きは、表現が多様であればそれだけ修正・改善に向かう多くの「気づき」「問い」が生まれ、思考活動は一層深められていくことになります。

　表現の多様性は、授業での思考活動を活性化する重要ポイントです。多様な他者の表現に触れたり、複数の対象・事象に挑戦したりすることが、自らの思考表現の多様性にもつながります。さらに、それら複数の表現を比較し、組み合わせ、まとめることで思考活動は一層柔軟に「気づき」「問い」を引き出していきます。

　このように、多様な表現や「気づき」「問い」を互いに尊重し合い、認め合い、理解し合うことが、他者の小さな考えや不十分な考えに対しても共感的・俯瞰的な視点から新たな意味を生み出していくことにつながっていきます。

　これはメタ認知的思考活動の一つの姿であるといえます。

【表現の多様性を広げる】
①自分の絵図（言葉）を、自分の言葉（絵図）にする。
②他者の「気づき」「問い」の言葉を、自分の絵図や言葉にする。
③他者の言葉の意味や考え方を、自分の言葉の意味や考え方にする。
④他者のノートの絵図や説明の言葉を、自分の絵図、言葉にする。
⑤問題場面に示されている情報（絵図、言葉）を、自分の絵図、言葉にする。
⑥多様な考えを、合意の絵図や言葉にする。

など、表現を多様にすることが、相互補完と相互強化を活性化し、子供の思考を深めていくことにつながります。

あらゆる思考の対象を、部分ではなく全体に、点ではなく線に、単ではなく複に、個ではなく連として考えることでもあります。つながるモノやコトがあってこそ、一つの事柄に対する「気づき」「問い」は多様になり、理解も深くなっていきます。

［4］ 算数的な思考表現の基礎スキルを鍛える

①自分で数直線を描き、数量の大きさを数直線で表すことができる。

素早くきれいに直線を引く

算数の授業にとって数直線は、最も重要な思考のツールです。それは、答えや知識を分かりやすく説明する単なる道具としてだけではなく、数量の大きさや関係を一目で分かりやすく表すことができるからです。

ストーリーの思考活動では特に、数直線による絵図化の表現を重視します。しかし、多くの子供は自分で数直線を描くことがなかなかできませんし、数直線を読むことも苦手です。教師にとってもまた、知識を数量関係を説明するための単なる道具であり、子供自身に活用させることができていないのが現実です。数直線の活用は、子供が考える算数を実現するための重要課題の一つです。

そのために、定規を使いこなして、直線を素早く、確実に引くスキルを鍛えます。毎日、1分間でも、ノートに縦、横の直線を引くスキルトレーニングを続けることが子供の思考の助けになります。どの子供にも確実に定着させることが可能なスキルです。これまで自信を持てなかった子供も、ノートに書（描）き記せるようになることで、授業への意欲的は確実

に大きくなります。

[岩戸小学校の1分間トレーニング]

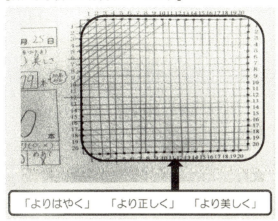

「よりはやく」　「より正しく」　「より美しく」

　1目盛りの大きさを決めて目盛りを取ること。
　数直線には目盛りを取って全体を等分割し、目盛を取って表すスキルも大切です。
　・直線を引いて、全体を10等分割して目盛りを取り、始点に0（ゼロ）を取る。（整数・小数・分数）
　この作業はスキルとして熟達させる必要があります。そしてさらに、
　・全体数量の大きさを決めて、1目盛りの大きさを決める。
　・全体数量の大きさを変えて、1目盛りの大きさを取る。
　・1目盛りの大きさを決めて、全体の大きさを取る。
　などの算数的な表現の基礎スキルを十分に鍛錬することが、何よりも大切な基礎力として子供の力になります。

[宮古島南小学校のスキルトレーニング]
【数直線】

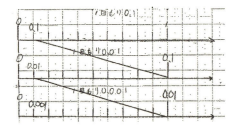

②道具を使って基本的な図形や表を自分で描くことができる。

- コンパスを使って円をかく。
- 定規を使って直線を引く。目盛りを取る。
- 定規を使って多様な正方形、長方形をかく。
- 定規を使って表をかく。（一次元の表、二次元の表）

※これらの数直線や基本的な図形、表やグラフなどを、授業の中で子供自身に作図させることは、かけない子供が多いことや時間が足りないことが理由で敬遠され、教師が与えてしまうことがほとんどでした。しかし、これらは１年生のときから、わずかな時間を取って、トレーニングを積み上げることで、どの子にも身に付けさせることが可能な力です。かけることは、自信になります。かけることが意欲になります。
　数直線を自分でかくことが、数学的な思考活動そのものです。

「気づき」「問い」を、言葉や記号等で書（描）き込む

　これはすでに描いている絵図に、書（描）き加えたり、修正・やり直したりといったチェックやマークをすることなどを含みます。授業中、対話活動の中で確実に時間を確保して身に付けさせていきたい学び方です。

⌜5⌟ ノートで思考し、ノートでつなぐ

　思考活動にとってノートは、思考の内容を記述・表現し、プロセスを見える化して残し、具体的に操作することを可能にする思考の重要なツールです。ノートには、今考えていることはもちろん、これまで考えてきたことが残されているので、自らを振り返ったり、さらにこれからを推測したりして表現を見直し、加筆・修正することが可能になるのです。

　ノートには、思考のプロセスで選んできた言葉や、思考を整理した結果を記述するのではなく、試行錯誤しながら変化してきた思考のプロセスを絵図・言葉で残すのです。そうすることで、自分が考えていることだけでなく、考えてきたことも他者に説明し、伝えることも容易になります。ノートで表現を積み上げていくことは、それ自体が考えるということです。

　これまでの、知識が活用できるように習得されていないという授業づくりへの指摘は、授業の中でノートを思考のツールとして使いこなせていないことにもその一因があるのではないでしょうか。

　ノートで表現し、ノートで情報を操作し、ノートを考える道具として使いこなせる学び方は、ストーリーの授業にとっては表現の基礎力として日々積み上げていかなくてはならない学びです。

　いわゆる知識が、このような思考活動の結果として刻まれることになれば、知識を活用する力はぐっと向上していくに違いないと確信しています。

　教師はこれまで、授業の中でのノートの役割をどのように考えてきたでしょうか。授業のスタートから分かりやすく整理されたノートをつくろうとしている子供、結果だけを書き込んでいく子供が多いことに気づきます。形式的な知識は記されていても、その子の思考は伝わってきません。

自らを客観的な目で外から評価し、自らを俯瞰的に振り返って思考を前に進めていくことが、メタ認知的思考活動の具体的な姿ではないでしょうか。

ノートには「考えた結果を整理して書くよりも、考えている今をどのように記し、変化してきた考えをどう表すか。」を意識して記述し、その後の授業でも活用することができるように残していくことが大切です。

このようにノートは、内面に蓄積されている「見えない知識」を見える姿に表して加工し、残し続けるための強力な思考活動のツールです。バスケットボールのドリブル、剣道の素振り、野球の素振りなどと同じように、算数では数直線や基本的な図形を定規で素早く描くスキルが、思考をつなぎ、深めていく思考活動をすべての子供の活動とするために最も重要な基礎力なのです。

[ノートの例]
6年「速さ」(倍概念) ノート

A児のノート②（解決に向かう絵図化・言葉化 ＋ 対話による変化）

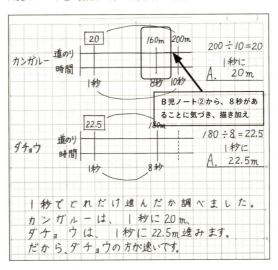

B児のノート①（問題場面についての気付き・問い）

B児のノート②（解決に向かう絵図化・言葉化　＋　対話による変化）

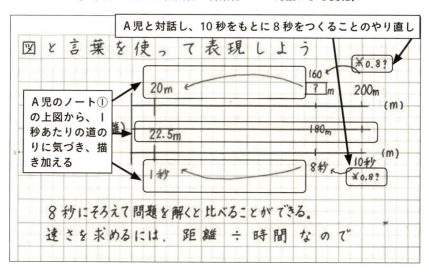

C児のノート①（問題場面についての気付き・問い）

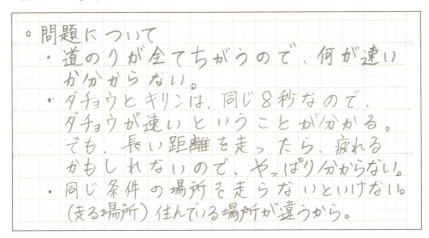

C児のノート②（解決に向かう絵図化・言葉化　＋　対話による変化）

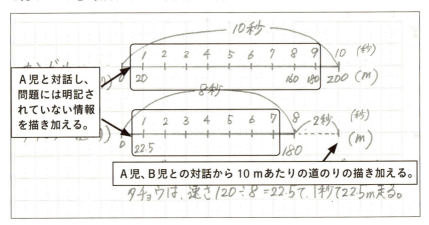

方略 3

対話で思考をつなぐ
ノートでつなぐ「対話活動」

「対話活動」とは

他者との対話を通して多様な考えを受け止め合い、自分の考えに反映させて発想を転換し、新しい価値へとつないでいく思考活動のプロセス。

「対話活動」の３つの形態

　　　対話者（A、B、C）相互の考えを、

1. 互いがそれぞれを共感的に理解し、認め合う。　　　　多様性の受容

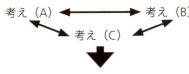

2. 自分の考えに反映させて発想を転換し、修正、改善する。

　　　A を A1 に　　B を B1 に　　C を C1 に　　修正、改善

3. 自分の考えに反映させて新たな発想で

　　　　　　　新しい価値（D）に向かう。　　　　発想の転換

　　　A を D1 に　　B を D2 に　　C を D3 に　　発想の転換

［1］「対話活動」の2つの働き

　「対話活動」は、「表現活動」と同様に、子供の思考をつなぐ重要な働きをします。これまでのように複数の考えを比較して合理的な考えを選んだりまとめたりすることよりも、互いに理解し合い、認め合いながら、個々が自分の納得を導き出していくことを大切にします。
　また、「表現活動」が、「見えない知識」を見える化し、考えを具体的に操作・処理することを可能にするのに対し、「対話活動」は、他者（環境）との対話による多様な刺激によって、柔軟な発想で考えの修正、改善、発想の転換を促すことがねらいです。

　授業では、自分の考えに自信を持てず、立ち止まって一人で悩んでいる子供がたくさんいます。しかし、未知の知識を学ぶ子供にとって、与えられた問題を一人で考え、一人で解決することは容易ではありません。それは、子供だけでなく大人にとっても同様です。
　自分だけで考えることに行き詰まったとき、私たちは本や資料を読んだり他の考えを参考にしたりなど、必要とする情報を外から求めます。そうすることが自分の思考を客観的に見詰め、新たな視点を得て考え直すことを可能にしてくれるからです。それが、"考える"ことであり、「対話活動」であると考えています。一人で悩み、つまずいている子供には、適切な刺激を与えて思考を動かす環境が必要です。また、つまずくことなく考えを進めている子供も、一つの思考活動の筋道が、他の多様な筋道にもつながっていることに気づかせ、思考を柔軟に働かせる環境が必要です。「対話活動」はその重要な環境です。
　ストーリーの授業の「対話活動」では、2人（ペア）、あるいは3〜4人の小グループで、自分の考えを絵図化・言葉化したノートを使って、互

いに考えを伝え合い、揺さぶり合いながら展開します。そこでは、決して結論を急ぐのではなく、他者の考えにしっかりと向かい合うことを優先します。

「対話活動」は、対話が苦手でも考えを認め合い、理解し合って考えを"つなぐ"ことの楽しさを味わうことを目的としているからです。同時に「対話活動」は、個々に対して自らを客観的に振り返えらせ、考えの修正・変化を迫る働きもします。

理解し合い、認め合って考える楽しさと、刺激し合い、自らの考えを修正・変化させていく楽しさとの2つの働きが一体となって思考をつなぐ「対話活動」が展開します。

「対話活動」の2つの働き
①互いに考えを理解し合い、認め合って協働的に思考をつなぐ。
（多様性の受容）
②自らを客観的に振り返り、見直して、新たな視点から思考をつなぐ。
（発想の転換）

以下、この2つの役割について述べます。

①多様性の受容

「対話活動」でまず大切なことは、互いの多様な考えや発言を理解し、認め合うことです。どれが正解に一番近いかではなく、納得に近づけるにはどうすればいいかを考えます。

他者の誤りの指摘よりも互いの共通点に目を向け、理解し合うことが、どの子の考えも生かすことになります。どの子の考えにもそれぞれに意味があり、理解し合う場があることで対話は広がります。

このような「対話活動」への意識は、日常の授業を通して積み上げてい

かなければ身につかない能力です。そして、そのためには、個々の考えが絵図化・言葉化された"ノート"を思考のツールとして活用することです。

②発想の転換

多様な他者を認めることができることは、多様な考えを自分の考えに反映させることができるということです。自分とは異なる他者の「はっ。」とする視点は、「あっ、そうか。」「なるほど。」「それに気づかなかった。」など、思考を刺激し、新たな「気づき」「問い」を引き出すことになります。それが「見えない知識」が動く瞬間です。

悩んでいる子供の「あっ、そうか。」という発言が「答えが分かった。」という意味ではなく、「もやもやがはっきりしてきたぞ。」「やってみようかな。」という「気づき」「問い」であると受け止めることが大切です。それは結論なのではなく、具体的にやり直し、考え直そうとする意欲の発信だからです。

その子が、何を、どこを、どのように、なぜやり直したいのかを自分で考え、具体的に伝え合うことができる環境が、新たな「気づき」「問い」につながります。

このような「対話活動」を日常のすべての学級で実現することは可能です。そのためには、その基盤としてどの子にも身に付けさせなくてはならない「対話活動の基礎スキル」があります。

2 対話の視点と着眼点

このような「対話活動」が、子供の主体的な活動として展開されていくためには、どの子にも、他者の考えや表現にしっかりと目を向け、多様な

対話情報を受け入れる基礎的な着眼点を身に付けさせることが必要です。それが、「対話情報への着眼スキル」です。

「対話情報への着眼スキル」を鍛え、積み上げる

次に示している表は、子供の多様な考えや表現を生み出す基盤となる視点と着眼点です。子供の考えはどうしても目の前の状況だけに向けられがちですが、自らの発想を柔軟にするためには、多様な発想の視点を身に付けておく必要があります。それが視点1と視点2からの発想です。これらはまた、多様性を受容する視点でもあります。

多様な対話情報の視点と着眼点

視点-2 \ 視点-1	これまでの情報・思考表現 1	いまの情報・思考表現 2	これから期待する情報・思考表現 3
問題場面の条件・要素等 A	A-1 これまで経験してきた問題場面はどうだったか。	A-2 今の問題場面はどうか。	A-3 これからどんな問題場面に挑戦したいか。
自分のノートの表現された情報 B	B-1 自分のこれまでどのような表現を蓄積してきたか。	B-2 今の自分の表現はどうか。	B-3 もっとできそうな、これからやってみたいことは何か。
他者のノートの表現情報 C	C-1 他者はこれまでどのように表現を蓄積してきているか。	C-2 今の他者の表現はどうか。	C-3 もっとできそうな、これからやれそうなことは何か。

表の横軸は**視点**-1です。情報が発信された時間的なプロセス（1. これまで、2. いま、3. これから）に着目する視点です。この流れや経過を意識する着眼スキルが大切です。

　縦軸は**視点**-2です。情報はどこから発信されているか3つの発信対象（A 問題場面、B 自分のノート、C 他者のノート）に着目する視点です。自分だけではありません。他者も多くの情報を発信しています。提示される問題の情報の中にも様々な情報を見つけ出すことができます。

　まず、この2つの視点を全員で共有し合うことが、多様性を受容し発想の転換を促す対話活動の基盤になります。

　さらに、その組み合わせた9つの視点（A-1 ～ C-3）が、対話の具体的な着眼点です。子供から発信される「気づき」「問い」、考えを、この9つの着眼点に対応させ、意識させることで、自分の発言を俯瞰することになります。

　これらの着眼点が、他者の多様な考えを受け入れると同時に、自らの発想の転換を促す着眼点です。

　さらに、これら着眼点を、表中のⅠ、Ⅱ、Ⅲの3つの枠組みで捉えることで、さらに新たな柔軟な着眼点をつくり出すことができます。

　3つの枠組内の着眼点を組み合わせたり、枠組みを越えて組み合わせたりして、多様性を一層広げることができます。

Ⅰ：授業で提示される問題場面の、これまでの情報といまの情報の2つの着眼点を指します。問題場面の情報を与えられた情報としてだけでなく、自分のノートの表現や他者のノート表現などと対比するなど、新たな多様な着眼点へと広げる情報として活用することが大切です。

Ⅱ：ノートに記述され、記録されてきた自分のノートと他者のノートの、これまでと、いまの4つの着眼点を指します。これらも個々の情報だけ

でなく、組み合わせることによって、これまでからいまへの変化や、対比による相違点の発見など、さらに新たな情報をつくり出す着眼点になります。

Ⅲ：これは、これから先に思考をつなぎ、知識を体系的に捉えていく上でとても重要な着眼点、3つを指します。

算数では「もっと 〜 だったらいいのにな。」「もっと〜できそうだな。」「もし、〜 だったら。」「もし、〜が、〜でなかったら。」など、仮定したり推論したりして思考を発展させていく力を育てることが重要です。この3つの着眼点は、自分でつくり出してきた、いまのノートの情報に新たな数値や条件を変えて、未知の問題状況や情報を生み出していくことにつながります。

算数が得意な子供には、この3つの着眼点から自分の考えだけでなく、他者の考えや問題場面の情報も含めて大局的に見直させ、知識や思考を俯瞰する力を鍛えることが大切です。また、この視点は算数が苦手な子供にとっても、自分の小さな「気づき」「問い」への小さなチャレンジを可能にする着眼点にもなります。

Ⅰ、Ⅱ、Ⅲの着眼点を活用させるポイント

ポイント -1

特にⅠとⅢの着眼点は「対話活動」の最も基礎・基本となる着眼点です。すべての子供が確実に身に付けることができるように鍛えることが大切です。授業はまずⅠ A-2 からスタートしますが、思考活動のプロセスでは、ⅠとⅢの着眼点は多様な組み合わせで往還を繰り返しながら展開します。かけ算の九九や四則計算を繰り返し鍛えるのと同様に日々の授業の中で鍛え、定着させていくことが必要です。そのために、この一覧表は子供の発達段階に応じた分かりやすい表にして、常に子供

の目の前にあり、いつでも振り返って活用することができるようにしておきたいと考えています。

ポイント -2
「対話活動」では、対話中の互いの発言やノートの表現を、互いに9つの着眼点から確認し、意識しながら進めていくことを対話の習慣にすることが大切だと考えています。自分か他者かに関わらず、その発言はどの着眼点か。どの着眼点の発言が多いか。少ないか。など、表を活用して発言や行為を客観的に捉えていくことの積み重ねが**"メタ認知的な思考力"**として鍛えられ、積み上げていくことになります。

［3］ ノートで対話する

　対話情報の多様な着眼点や柔軟な組み合わせの説明は、必ずノートを活用します。ノートには、前述の対話情報が絵図や言葉で記されているからです。
　言葉で伝えるだけでなく、同時に視覚的な情報を必ず組み合わせて説明します。
　また、新たな「気づき」「問い」は、必ずノートに書き込むことが大切です。
　そして、さらに大切にしていることは、対話者がそれぞれ他者のノートの記述を互いに説明し合うことです。他者の考えを一層理解し認め合うことにつながります。
　次項図6に示しているように、例えばA児とB児がペアで対話する場合（3人4人の場合もある）、互いが自分の考えを説明するだけでなく、AはBが表現した絵図を説明し、BはAが表現した絵図を説明するな

ど、互いに相手の考えを自分の言葉に置き換えて説明し合うことも大切にします。そのことが、互いに自分の考えを振り返り見直すことにつながっていくことになるからです。そのことがまた、新たな「気づき」「問い」にもつながります。

　そのとき「自分はなぜ、そう考えるのか。」「自分の考えをどのように他者に伝えればいいか。」「他者の考えをどのように理解すればいいか。」「考えをどのようにまとめて伝えるか。」など、もやもやとしていた自分の内面に小さな判断が生まれます。この小さな判断が、バラバラに見えていた複数の情報を自分の内面で意味として見えない知識をつなぐ俯瞰的な視点が生まれます。

　"メタ認知的な思考"とはこのような活動の中で現れる一つの思考の姿だと考えています。これまでの算数の授業で見落とされていた対話の視点ではないかと思います。

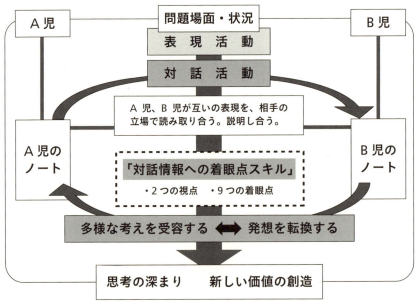

図6　「対話」する活動の具体化

4 教師の役割

　子供の「対話活動」の効果を最大限に引き出す教師の役割は、子供の「見えない知識」を引き出し、「気づき」「問い」を動かすことです。
　具体的には、序章2（p17）で述べている「気づき」「問い」の具体的な姿を実現する発問と指示、助言が重要な役割を果たします。

意識を動かすこと	自覚を促すこと	納得へ導くこと
あれっ	たぶん。	なるほどそうだ。
おやっ。	確かにそうだ。	やっぱりそうだ。
これはどうか。	もっと。きっと。	そうか。

そのための3つの発信

```
"発問"    "指示"    "助言"
```

"発問"

　発問は、子供の思考活動の結果（判断）や活動中の行為の内容に対して、次の6つ観点から「なぜ？」「どうして？」「どのように？」「どうすれば？」を問い、思考を揺さぶってその内容を明確に表現させることがねらいです。

① 「根拠・理由」を問う（論理的、客観的な整合性）
　「それはなぜですか？」など。

②「意図」を問う。(何を求めたくて、何を目的としてそうしているのか。)
　「あなたがそのように考えているのは、なぜですか？」など。
③「正誤」を問う(それは正しいか否か。)
　「それでまちがいないですか？」など。
④「多様性」を問う(それ以外のも方法や手段はないか。)
　「そのことは、他の方法や考え方ででもできませんか？」など。
⑤「一般性」を問う(そのことを、他の数値や条件に広げて活かせないか。)
　「そのことは、他の数値(図形)などに置き換えても同じですか？」など。
⑥「具体性」を問う(そのことを、詳しく身近な事例で説明できないか。)
　「どれのことですか？　どこのことですか？」
　「たとえばで、詳しく言えませんか？」　　など。

(序章p17及び第3章参照)

　このような"発問"は、教師の言葉だけで発信するのではなく、子供自身が表現した絵や図、教師が提示した資料などを介して、視覚的な刺激と組み合わせて発することが重要です。

"指示"

> 　"指示"は、子供の思考活動の結果(判断)や、活動中の行為等に対し、そのことを一層具体的に、分かりやすく示すことや、行為や体験を通して多様な方法で確かめさせることなど、より簡潔、明確で、一般的な考えや納得に向かう活動を促すことがねらいです。

　教師の発問⑥「具体性」を問う、の内容に重なる場合もありますが、指示は次のように、子供に具体的な行為(すること)を求めます。
　・「そのことを、自分のノートの図を使って説明してください。」
　・「そのことを、○○さんのノートの図で確かめてください。」

- 「そのことを、みんなで話し合って、まとめてください。」
- 「そのことを、今度は言葉で説明してください。」
- 「友達の説明を聞いて、自分のノートにチェックしたところは、必ずやり直しましょう。」（消さずにかき加えさせる。）
- 「友達のノートをよく読んで、気づいたことを質問しましょう。」
- 「比べてください。」「選んでください。」「探してください。」

納得：「なるほど。」「そうか。」「やっぱり。」

"助言"

> "助言"は、子供の判断や行為、また「対話活動」中の発言等の内容を共感的に受け止め、その意図や意味を周りの他者により伝えやすく、さらにより価値に向かいやすくする支援をすることがねらいです。
>
> "助言"は、"指示"ではなく、子供に対する教師の共感的な受け止めや態度です。

"発問"や"指示"とは異なり、それぞれの子供の行為や言葉を共感的に受け止め、周りの他者に理解を促したり、新たな意味に気づかせたりすることにつながるように工夫します。特に自信が持てずに悩んでいる子供に対して効果的に活用することで、「対話活動」は一層充実することになります。

- 「なるほど。」「そうですね。」
- 「その考えは、〜の考え方と似ていますね。」
- 「そのことをみんなで話し合って、絵や図のどこを、どのように修正すれば（どこに描き加えれば）いいか考えましょう。」
- 「その考えには、こんないいところが（も）ありますね。」など、
  - 子供の考えや行為に、意味や価値を付ける視点から

・多様な思考・判断の視点や新たな発想を促す視点から
・周りの他者に共感と理解を促す視点から

[発問と指示の例]
　このように発問と指示は、次のように一つの組み合わせとなって発信されることが少なくありません。

> 「発問」「指示」の要点
> ○他者との共通理解や認め合いや行為に対する納得が生まれる。
> ○新たな「気づき」「問い」が生まれる。
> ○考えや根拠の確かさがさらに明確になり、全員の納得が生まれる。

○友達のノートのどこを見て「おやっ？」と感じましたか？　発問
○感じた（思った）ことを、友達のノートを使って説明しましょう。　指示

○友達の説明を聞いて「なぜ？」「どこが？」と思ったことはどんなことですか？　発問
○自分のノートの絵図や言葉と結びつけながら質問しましょう。　指示

○友達の説明を聞いて、自分のノートに付け加えたいなと思ったことがありますか？　発問
○あれば、なぜ思ったのかをノートを使って友達に説明しましょう。　指示

- ○友達の説明を聞いて、「なるほど！」「おやっ？」と思ったことは何ですか？ 　　発問
- ○互いに質問して話し合いましょう。 　　指示

- ○自分のノートの絵図や言葉は、問題場面のどの言葉やどの数値のことを表していますか？ 　　発問
- ○ノートを指しながら説明しましょう。 　　指示

- ○自分で考えているときに「おやっ？」と思ったり、「なるほど！」と思ったりしたことがありますか？ 　　発問
- ○それはどんなことですか？ 　　発問
- ○自分のノートを使って説明しましょう。 　　指示

実践編

3つの方略で授業を設計する
どの子も輝く思考の過程

1 授業設計の考え方

　本章では、ストーリーの授業設計のポイントを、「ノートで対話し、思考する子供」の一単位時間の思考活動の流れに沿って紹介します。事例は、実態の異なる子供どうしが見えない知識を働かせ、思考をつなぎ合っている対話活動に焦点をあてています。特に、算数が得意な子も苦手な子も、互いのノートを介して思考を揺さぶり合い、磨き合いながら対話を繰り返している姿が中心です。

思考の過程	5つの対話活動
●思考の過程Ⅰ 　問題を理解し、めあてをつかむ。	○問題の状況・場面を理解する（対話活動-1） 　新しく出合った問題場面は、これまでの学習体験とは何が、どう違うか、どのように変化しているかなど、各自の「気づき」「問い」を言葉化し、算数の問題場面として解釈し、理解し合う。
	○問題の核心を捉える（対話活動-2） 　問題場面は全員同じでも、それに対する「気づき」「問い」は多様であることを認め合い、これまでの問題場面にも振り返って、今日のめあてを共有する。
●思考の過程Ⅱ 　考えを磨き合い、問題を解決・処理する。	○互いの表現を揺さぶり、磨き合う（対話活動-3） ①他者は問題場面をどのように捉え、表現しているのか、自分とは何が違うか等について、互いのノートを使って説明し合い、互いに理解し合う。 ②これまでの学習経験とのつながりに着目して考えを見直し、自らのノートを補完、強化する。 ③他者の考えの意味や価値について考え、自分のノートを補完、強化して新たな価値に向かう。
	○多様な表現を認め合い、練り上げる（対話活動-4） 　対話を通して、自他の考えを理解し認め合い、自分のノートを補完・強化することで、他者の多様な「気づき」「問い」にも、それぞれに意味やよさがあり、互いに認め合うことが価値を創り上げることになることを理解し合う。
●思考の過程Ⅲ 　考えを練り上げ、整理する。	○思考を練り上げ、合意をつくる（対話活動-5） 　互いの考え、多様な考えを整理、統合し、自分の言葉で活動をまとめる。

授業を設計するにあたって最も大切にしているのは、見えない知識を動かす"3つの方略"（序参照）を、子供の思考を活動として組み立てることです。これらの"つなぐ"を日々の授業で実現していくことが授業づくりの原点です。

　対話活動を問題解決的を構成し、授業を5段階の対話活動で組み立てる。

　対話内容の構成にあたっては、次に示す5つの活動を思考過程に位置づけます。倍概念のストーリーによる学習経験から生み出される「気づき」「問い」を大切にした思考の過程を対話で組み立てます。

2　授業の設計と実際

【実践単元】　6年生「速さ」第1時（新学習指導要領では5年生に移行）
【授業のねらい】
　①道のりも時間も異なる3種類の動物の速さを、単位量当たりの大きさの考えに着目し、どちらか一方の数量をそろえてもう一方の大きさで比べたり、1単位時間あたりの速さで比べたりなどして比べたりすることができるようにする。
　②数量の関係を2本の数直線に表し、他者に説明することができるようにする。
　③互いのノートをもとにグループで対話し、自他の考えを修正し合ったり自分のノートを修正したりして思考をつなぐことができるようにする。
【知識の体系的な背景】
　速さの体系的な位置づけ　（方略1参照）
　速さは、異種の2量（時間・長さと道のり）の関係に着目して数量的に比べることができる量です。時間か道のりのどちらか一方の数量をそろえ

れば、もう一方の数量の大きさで比べることができます。しかし、A、Bの２者比較だけでなく、A、B、Cの３者、それ以上を比べる場合には、一定の時間（１秒、１分、１時間などの単位時間）あたりの道のりで比べる方が便利です。そのとき"単位量あたりの大きさ"の考え方が必要になります。そのことが、授業を（道のり）÷（時間）＝（速さ）ということばの式と計算で形式的に処理する知識重視の内容にしてしまいがちです。しかし、速さという変化する２量の関係の根本には、比例という関数的な考え方があります。ですから一定の時間は必ずしも単位時間である必要はありません。どのような時間でも、そろえることで比較が可能になることを関数的な関係を活用して体験することが、倍概念としての速さの深い理解につながっていきます。

本時は、３種類の動物の走る速さを、単位時間にこだわることなく自由に比べる子供の思考活動を大切にしながら、単位時間にそろえることのよさに迫っていきます。そのプロセスが対話活動の５つの活動です。

【対話するグループの児童の特徴と積み上げの実態】

算数が得意。テストなど形式的な処理が早い。数直線よりもむしろ素早く立式して簡潔に正解を求めることができる。これまでの授業の中で、他者の考えや言葉と結びつけて発言し、対話する仲間をサポートする学び方を培ってきている。

算数への苦手意識をもっている。授業で学んだことを生かして、自分の考えを絵図に表現し足り説明したりなど、粘り強さをもっている。

算数は苦手で自信をもてないでいる。他者に説明したり発言したりすることも苦手だが、数量の関係を数直線に表して処理する学びを積み上げ、自分の考えをノートに書くことができるようになってきている。

3 授業の実際

●思考の過程Ⅰ：問題を理解し、めあてをつかむ

問題場面の提示

カンガルー、ダチョウ、キリンの速さ比べの表です。どの動物がいちばん速いか調べましょう。

走った道のりと時間

	道のり	時間
カンガルー	200m	10秒
ダチョウ	180m	8秒
キリン	125m	8秒

どの動物がいちばん速いでしょう。問題文と表をよく読んで、「あれっ？」「なぜ？」と思ったことはありませんか？ ノートに書きましょう。

[発問・指示]

▲発問・指示のポイント

問題場面に与えられている言葉や数値の情報に着目させ、自分の「気づき」「問い」を全員ノートに自由に絵図化・言語化させる。

実践編　3つの方略で授業を設計する　どの子も輝く思考の過程

○問題の状況・場面を理解する（対話活動1）

 ノートに書いた「あれっ？」「なぜ？」を、みんなで伝え合いましょう。　　　　　　　　　　　　　　　　　　　　［指示］

▲指示のポイント

> ノートの記述をもとに、グループで自由に意見を伝え合う対話活動を促す。

あれっ、道のりが全部違うな、と思った。
どの動物が速いかわからない。　　　　　　　c-1

時間を見ると、ダチョウとキリンは8秒でいっしょだから、比べられるよね。　　　　　　　　　　　　　a-1

そうだね。ダチョウとキリンは同じ8秒だから、ダチョウが速いね。　　　　　　　　　　　　　　　c-2

そう。同じ時間なのにダチョウの方が道のりが長いよね。
だからダチョウの方が速いんだね。　　　　　b-1

　ダチョウとキリンを、問題文の情報をもとに8秒あたりの道のりの大きさで比べる。

A児ノート

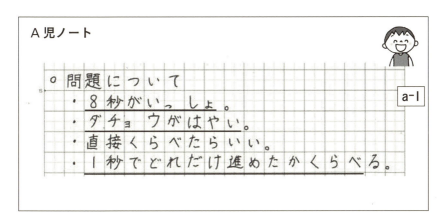

B児ノート

C児ノート

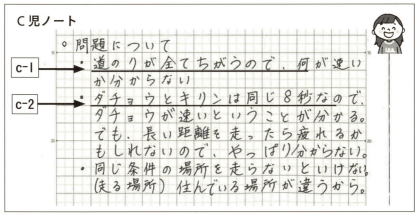

○問題の核心を捉える（対話活動2）

 カンガルーとダチョウはどちらが速いでしょうか？　どうすればダチョウとキリンのように比べることができますか？　問題をよく見て話し合いましょう。　　　　　　　　　　　　　　　　　　[発問・指示]

▲発問・指示のポイント

問題場面に対する各自の「おやっ？」の理由を、互いのノートを見せ合いながらこれまでの学習経験に結びつけ、問題場面の情報の不足や不十分さについての対話を促す。

ダチョウの方が速そうだな。　※感覚的に発言する。　

ダチョウとキリンみたいに、ダチョウとカンガルーも時間をそろえれば比べられると思うよ。　

でも、どうやって、そろえるの？　

単位量あたりの大きさの考えのときみたいに、1秒でどれだけ進めたかを求めればきっと比べられると思うよ。　

そうか、思い出した。そういえば、そういう勉強したよね。　

でも、カンガルーが8秒のときの道のりはどう考えればいいのかなあ。

Bさんは、**8秒にそろえて比らべられないか**って考えているんだね。そろえ方を工夫して3匹の動物の速さを比べましょう。

［共感・指示］

▲共感・指示のポイント

子供の対話のB児の発言 b-3 を共感的に受け止め、1あたりの大きさだけでなく、一方の数量をそろえる考えを生かしてカンガルー、ダチョウ、キリンの速さを比べる"めあて"をつかませる。

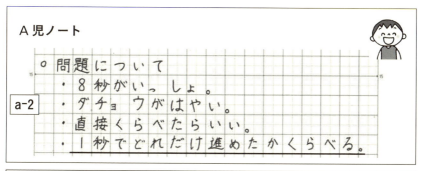

> **めあて**
> 　カンガルー、ダチョウ、キリンの速さ比べをしよう。

めあてに向かって、各自考えをノートに絵図表現を始める。

●思考の過程Ⅱ：考えを磨き合い、問題を解決・処理する

○互いの表現を揺さぶり、磨き合う（対話活動3）

　AさんとCさんのノートのカンガルーとダチョウの図や説明を見て、似ているところなど、気づいたことはありませんか。[発問]

▲発問のポイント

> A児とC児のノートにかかれたカンガルーの絵図や言葉を見比べさせ、表現の仕方は違っていても、ともに1秒あたりの考え方で処理しようとしていることに着目させ、共感的な対話を促す。

互いのノートを見せ合い、互いの絵図や記述に着目した対話

> AさんとCさんのノートを見ると、2人は同じことを考えているのかなって思いました。

> そう。Cさんもぼくと同じで、1秒あたりの道のりを考えているよね。

> ほんと？　私、Aさんと同じかなあ？　図が全然違うけど。

A児ノート

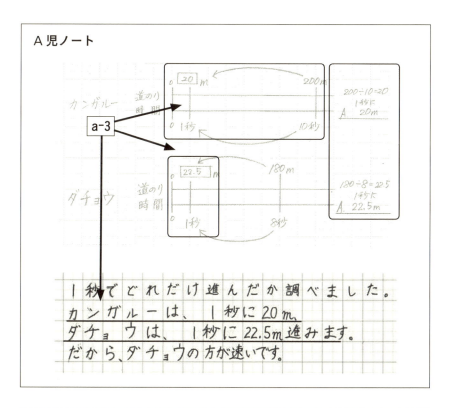

C児ノート

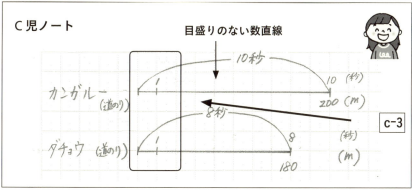

Cさんが図に描いているカンガルーの考え（c-3）
Aさんの図（a-3）と同じじゃない？

あっ、そうだね。でも、Aさんが言った1秒あたりの道のりってどれのこと？　※C児は図の意味の理解が不十分。

カンガルーは10秒で200m進むから、1秒あたりで20m進むことになるってことだよ。ダチョウは22.5mだよ。　a-3

そうなの？　※ダチョウの1秒あたりの道のりがわかっていない。

　対話活動を通して自らの考えを見直し、これまでの学習経験とのつながりに着目してノートに修正、加筆し、他者とともに理解し合う。

Cさんが困ってますね。Cさんの考えをすっきり表すには、どうすればいいでしょうか？　図を使って説明できませんか？

［発問］

▲発問のポイント

> 3人に対し、C児のノートのダチョウの図に着目させ、カンガルーの図表現との違いを比べながら目盛りの取り方や読み方、数値の対応のさせ方などについて対話を促す。

ダチョウの図にも、カンガルーの図にも、間に目盛りをもっと入れたらどうかな。（C児ノート（c-3）を指しながら。）　a-4

目盛りがあると、カンガルーは1秒で20 mだから、2秒は40 m……で、10秒では200 mということがよくわかる。 b-4

そうか。じゃあカンガルーは3秒で60 m、4秒は80 mになるね。

そうそう。それじゃあ、10秒までも考えられそうだね。

うん。できそう。だから、10秒で200 m走ることになるんだ。
（C児は、自分のノートに、2～9の目盛りを書き加える） c-4

じゃあ、今度は、ダチョウも考えよう。

ダチョウは、自分でやってみる。
（自分の数直線に2～7の目盛りを書き加え、
ダチョウの1秒あたりの道のりを求める。） c-5

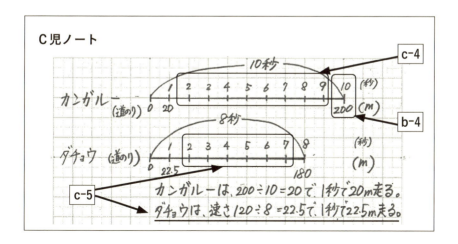

実践編　3つの方略で授業を設計する　どの子も輝く思考の過程

B児ノート

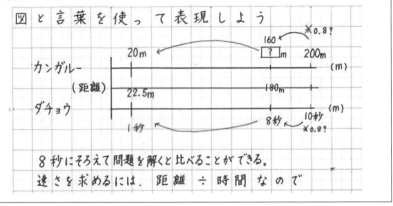

【子供の思考活動の経過】

A児：自分の2本数直線に1秒、8秒、10秒の目盛りだけでなく、C児のように目盛りをたくさん入れると、どのような時間の道のりでも説明することができることに気づく。

B児：カンガルーとダチョウの1秒あたりの道のりは、「道のり÷時間」で形式的に計算処理し、1秒あたりの道のりを数直に表しているが、図の意味は十分に理解できていない。A児の発言 a-4 で、数直線に目盛りを加えれば分かりやすくなることに気づく。 b-4 では、時間と道のりの関係を、比例の関係を使って考えることができている。

C児：B児の b-4 の発言に反応し、自分のカンガルーの図だけでなくダチョウの数直線にも目盛りを書き加え、1秒あたりの道のりを表す。

このように、1秒あたりの道のりに目を向けて正解を出すだけの対話活動ではなく、いろいろな目盛りの時間に対応している道のりの大きさで比べることができることを大切にすることが、関数的な視点からの速さの理解につながっていくことになる。

自分の考えの修正や変化を通して、他者の考えの意味や価値について考える。

 ダチョウとカンガルーは<u>どのようにそろえたら比べられる</u>でしょうか？　[発問]

▲発問のポイント

> それぞれの数直線には、問題に示されている情報や1秒あたりの目盛りだけではなく、その他にたくさんの目盛りと数値が並んでいることを使って、多様な目盛りでそろえて比べることについての対話を促す。

（C児ノート c-6 を指して）Cさんのカンガルーの図に目盛りを入れるとカンガルーの8秒の速さが160mってわかるようになったね。

ダチョウとキリンみたいに、ダチョウとカンガルーも8秒にそろえて比べられるんだね。

ぼくの数直線にも8秒あたりの道のりがあったら、いろいろな秒での長さで比べられるから、かき加えよう。 a-5

目盛りを加えた数直線図を見て、他のそろえ方に気づきませんか？　　　[発問]

▲発問のポイント

数直線の目盛りの時間の変化と道のりの大きさに着目させ、そろえる数値はたくさんあり、多様な比べ方ができることについて対話を促す。

あります。（C児ノート c-7 を指して）目盛りを付け加えたら、カンガルーは9秒で180m走ることがわかります。
　図にするとすごいね。

本当だ。　でも、なにがすごいの？

だって、180m走るのにカンガルーは9秒、ダチョウは8秒かかるし、180mにだってそろえて比べることができるからだよ。
a-6

180mの道のりの方をそろえて、秒（時間）で比べることもできるんだね。

そう。そして、かかった時間で比べればいい。
かかった時間が短いダチョウの方が速いことがわかるよね。

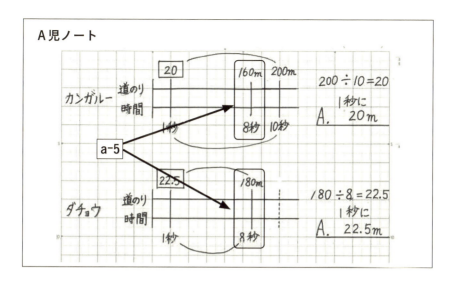

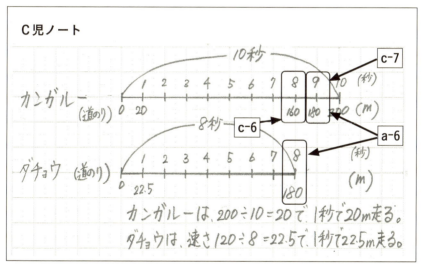

【子供の思考活動の経過】

　数直線図によるカンガルーとダチョウの速さ比べを通して、時間をそろえて道のりで比べるだけでなく、道のりを180mにそろえても、時間の大きさ（時間が小さい方が速い）で比べることができることに気づく。

○多様な考えを認め合い、練り上げる（対話活動4）

Bさんが最初に8秒にそろえたいと言ってたけど、このことは解決できたのかな？　みんなどうですか？（b-3の発言に対して）
［発問］

▲発問のポイント

> この発問は、1段階でのB児の小さな発言を、多様なそろえ方の一つとして生かし、共感・共有を促す。

Bさんは最初、カンガルーが8秒のときの道のりを考えていたよね。ダチョウもカンガルーもキリンもみんなそろえて比べようと考えていたの？

そう。私は最初、8秒の道のりで比べられないかって思ったんだけど、あのとき道のりを数直線に表せなくてわからなくなったの。

ではBさんの図も、AさんやCさんのようにカンガルーの8秒の道のりがわかるように表すには、どうすればいいですか？
［発問］

▲発問のポイント

> 8秒にそろえて道のりで比べたいと考えていたB児の発言に対し、対話を通してノートを修正してきたここまでのグループの活動を振り返らせ、B児の数直線をどのようにつくり上げていけばよいかについて対話を促す。

道のりを表す場所が分かりにくいから、数直線をカンガルーとダチョウの間に1本描き加えたらどう? a-7

えっ、こう? b-5

Aさんのカンガルーとダチョウの図が合体した図みたいになったね。(A児ノートとB児ノートを比べる) c-8

道のりの線が1本だけでよくなった。

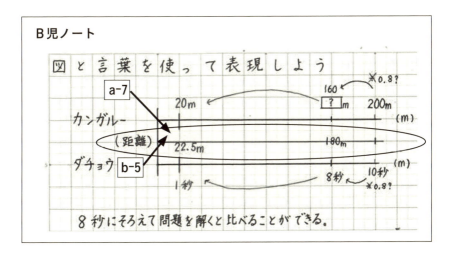
B児ノート

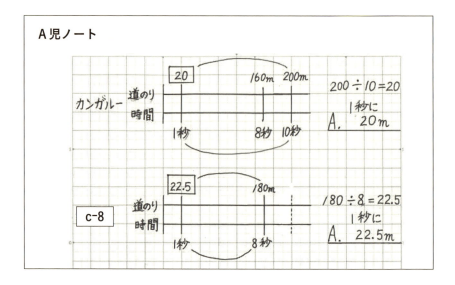

A児ノート

【子供の思考活動の経過】

　これまでの対話活動は、2者の比較に関して、キリンとダチョウだけでなく、カンガルーとダチョウも、8秒にそろえて道のりの大きさで比べることができることを理解する。

> 本当だ。でも、カンガルーの8秒の道のりの計算はどうすればいいのかな？

> 10秒で200mだから、8秒は200÷0.8ではなくて、200の0.8倍になるんじゃないですか。 a-8

> そうか。そこが、間違っていたんだ。200×0.8だね。（B児は自分のノートに書き加える） b-6

1秒20mだから、8秒は20×8でもいいのよね。話し合っていたら、3人とも考え方がよく似ているって思えてきたよ。

8秒にそろえる考えは面白いよね。この考えを聞いて、80秒にだってそろえて比べられると思った。 a-9

3種類が一度に比べられるよね。（A児ノートを見て）

ほんとだ。

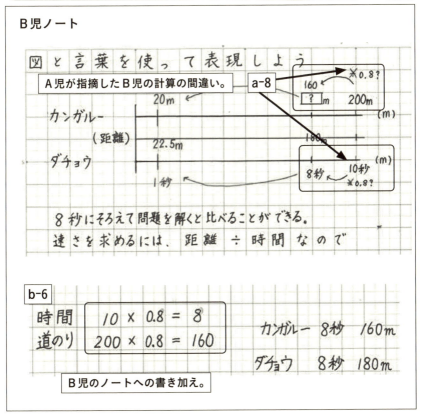

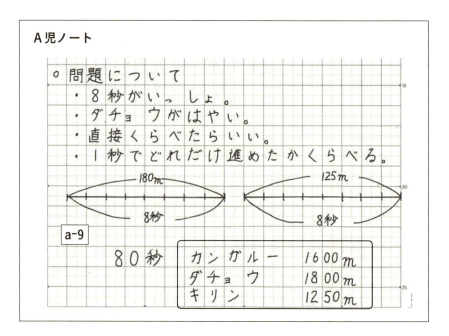

【子供の思考活動の経過】

　B児は思考の過程Ⅰの段階から、8秒あたりの道のりにこだわっていました。この授業の対話活動は、1秒あたりの形式的で効率的な処理の仕方だけでなく、それぞれの考え方を十分に吟味しながら考えをつくり上げていくことを大切にします。すべての思考活動をつなぎ、生かす対話活動の構成が、これまでの学習経験や知識を活用し、どの子供の思考も生きる授業の展開を実現します。

　A児の80秒にそろえても同じように比べることができるといった発言 a-9 に対しても、A児、B児ともに納得の発言ができたのは、対話活動によって比例で学んだ関数的な考え方が生かされていることを読み取ることができます。

●思考の過程Ⅲ：考えを練り上げ、整理する

○思考を練り上げ、合意をつくる（対話活動5）

互いの多様な考えを整理、統合し、自分の言葉で活動をまとめる。

> Cさんの図を見ると、ダチョウの図を2秒伸ばしてかいているけど、これはどうしてだろうね。（C児のノートのダチョウの図）
> （P.108　C児ノート）　　　　　　　　　　　　　　　　　　[発問]

▲発問のポイント

B児のダチョウの図の10秒あたりの大きさが書かれていないことに気づかせ、1秒あたりの速さから10秒あたりの大きさで比べることができることを対話活動によって確かめ合わせることがねらいです。

> あっ、本当だ。どうして？

> カンガルーの10秒の図とそろえようとしたんじゃないかな？

> そうです。でも、そこから先のかき方をどうすればよいかよくわからなくなったんです。

> ダチョウの10秒の道のりも求められるよ。ダチョウは1秒で22.5mだから、2秒では45m走るよね。10秒だったら？（C児ノートを見ながら） [b-7]

> 8秒の180mと2秒の45 mを合わせると、225 mだ。(P.108 C児ノート2を自分のノートに書き加える) c-9

> カンガルーは10秒で200 m、ダチョウは10秒で225 mだからダチョウが速い。10秒の道のりでも比べられた。Cさんもすごい！

学級全体での合意形成の対話活動

まとめ

1秒あたりの道のりで速い順を比べることができます。これを速さといいます。

比べ方は、1だけでなく、8など他の数にそろえても比べることができます。

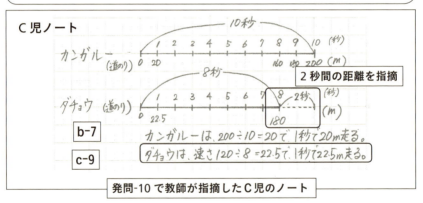

発問-10で教師が指摘したC児のノート

【子供の思考活動の経過】

　対話活動では、どの子も自分の思考活動を振り返り納得いく修正・改善ができるようにすることをねらいます。B児はそれまでの対話活動の流れの中で理解できましたが、C児がまだ不十分でした。しかし、B児の考え方を聞き、C児もダチョウの10秒あたりの道のりを理解しました。これが、対話活動の成果の一つの姿でもあります。

4 授業を終えて

　事例では、問題の答えは何か、正解はどれか、など比較や選択によって効率的に知識を習得することよりも、一人ひとりの子供の内面にある「見えない知識」をノートに表現し、対話することで引き出すことを重視しました。

　それぞれの子供が思いや願いを共有し合い、自らの考えを意欲的に修正・強化していく思考活動の実際の姿を、3段階の思考過程と5つの「対話活動」のプロセスで紹介しています。

　事例のB児、C児は、算数がとても苦手な子供なのですが、自分の考えをみんなで一緒に考え、対話活動を重ねていく内に少しずつ積極的になっていきました。また、A児は、算数が得意な子供なのですが、授業は答えを導き出すだけではなく、みんながともに納得し合える考えを生み出す時間であり、そこに自分の役割があることを自覚して「対話活動」に参加しています。

　ただ、本時のこのような姿は、単に算数の知識（単位量当たりの大きさなど）を知識として獲得していれば実現できる姿ではありません。他者とともに学びをつなぎ深めていく「知識の体系」を体験的な積み上げの上に現れる姿です。そこには、本書で述べてきた基盤となる思考のスキルや学び方を、どの子にも確実に定着させておくことも不可避です。

　また、それ以上に教師の役割の重要性を感じます。教師の発問、指示、助言は、正解や知識だけに方向づけるのではなく、「対話活動」におけるそれぞれの子供の発言の意図や役割を読み取り、子供の実態に基づいて発信する工夫が求められます。教師にも子供の指導者、支援者としての学びの積み上げが必要です。

　すべての子供が輝く授業は、知識も思考も人も組織もどれもが"つながる"体験を積み上げることによって実現する授業だと言えます。

出版に寄せて

広島大学名誉教授　岩崎秀樹

　本年（2018）4月実施された全国学力・学習状況調査は、2007年に始まり12回を数えることになる。第6学年と第9学年を対象とする悉皆調査であり、そこには各年度ごとの膨大なデータが蓄積されている。最初は算数と国語の2つの教科に絞られていた。全国学力テストは知識を問うA問題と活用力を問うB問題からなり、算数の場合A問題の通過率はおおむねよしとするが、B問題には常に課題が残されている。とりわけA・Bともに割合は、様々な角度から吟味されているが、10年を経過しても改善の方向にあるとは聞いてない。

　算数で構成すべき知識としての諸概念は学習指導要領の総括目標に記されているわけではない。しかし算数と数学を区分する論理からいっても、それは割合概念であり、それが脆弱なままでは関数の基盤は保証されず、学校数学全体の目標たる微分・積分にも展開しない。それではその「割合」はどこから来るのかといえば、「教室で教えたから」というのでは、上述の調査結果に矛盾する。教えることが電子機器にプログラミングするようなことであれば、出力に狂いはない。割合の学びにそうした機械的な様相が希薄だから、調査の通過率に問題が残される。とりわけその意味理解に。

　古代ギリシャのソクラテスは「この子が現在もっている知識は、以前のどこかで得たものか、もしくはつねに持ちつづけたものか、そのどちらか

だろう」と述べて、自身の産婆術をメノンに例証している。例は三平方の定理であるが、問いの名人の手にかかれば、割合もその例外ではないであろう。残念ながらメノンにその個所はない。そうなると全国学力調査は、とても皮肉な結果を導くことになる。通過率の低さは、教えるから学ばず、そして学ばないから、知識や活用力として割合は出力しない、という悪循環を示唆している。

　本書はこの教育のアポリアに対して、「学びをつなぐ」をキーワードに、割合概念の形成に立ち向かおうとしている。学術的な用語を用いれば「暗黙知」である。ハンガリー・ブタペスト出身の科学哲学者ポラニー（M. Polanyi, 1891-1976）が世に知らしめた知のあり方あるいは知識の機能といってよいが、単に言語・記号で表出されない知識というだけではなく、発見・発明に付随する不可欠な知のあり方あるいは知の前提といってよい。コペルニクスやメンデルは、天体運動やエンドウを観察して、法則を発見したわけでなく、逆にそうした観察は自分の思考の確認であったかもしれないし、同時にそうした観察が思考に省察を加え、その論理を精緻にしていたかもしれない。いずれにしろ、暗黙知の上で観察と思考の間に良循環が成立し、法則の発見や概念の発明に向けて、新たな思考をせり上げていったものと思う。

　「暗黙知」はその性格上あまりうまくまとめることはできないが、それは科学的な発見や創造的な仕事に作用した知に他ならず、学習レベルでいえば、思考や手作業のある時点で、既習の知識群を統合・発展させる知のあり方といってよい。問題はそこでどのような教授的企ての下で、どのような暗黙知が、割合や比例や一次関数や微分を明確な概念に仕立て、それらをさらに発展・展開させるのであろうか。

　上記のことは純然たる学習指導の問題である。教師はどのようにその企画に参画しうるのか。それが本書のテーマである。何度も言うがキーワー

ドは「つなぐ」である。それでは何と何をどのようにつないでいくのか。
　そこに教師として２つの仕事をなさねばならない。一つは既知と未知をつなぐミッシングリンクを課題として鮮明にすることであり、他の一つはどのように学習指導するかということである。前者に関連させて、割合の定義は比較的容易である。割合を形式化すると、単位あたり量も割合の亜種であることが容易に示せる。

【割合】
　比較量÷基準量＝割合　　　　　（包含除）
　基準量×割合＝比較量
　　　比較量÷割合＝基準量　　　（等分除）

【単位あたり量】
　全体量÷単位あたり量＝いくつ分　（包含除）
　単位あたり量×いくつ分＝全体量
　全体量÷いくつ分＝単位あたり量　（等分除）

　無論本書では、形式化以前の知のあり方が問題になる。いわゆる公式の構成要素「比較量（全体量）」「基準量（単位あたり量）」「割合（いくつ分）」に通底する概念が何かを、教師として意識しなければならない。本書ではそれを「倍概念」としている。鋭い見通しである。ソクラテスの言葉を思い出してほしい。数学教育を一つの研究領域にした数学者フロイデンタール（H. Freudenthal, 1905-1990）は、倍の観念は人類にビルトインされている、としている。ずいぶん昔に読んだ著書であるから、探しようもないし、うろ覚えであるが、その説明はとても印象的だった。再現すると、現生人類が誕生したころ、何かを捕食するにしろ何かの餌食にならないためにしろ、対象との距離は決定的な意味を持つ。それは網膜に映る対象の大きさでしか確認されないというものである。距離感が幼児期のどの

段階で始まるかわからないが、とても説得的である。

　倍の感覚が人類にビルトインされているならソクラテスの繊細さが学習指導に求められることになる。それをどのように術とするかは、学校数学の課題になる。本書ではそれを表現（絵図化・言葉化）活動と対話活動に求めているが、卓見である。観念はそれが表現されなければ、主観性の強い思い付きの域を出ない。つまり吟味や反省の対象にはなりえない。そのため「距離感」を線分に描くことは優れた抽象的表現であり、それを数値やその組み合わせにすることができれば、それは大きな知的進歩といえる。さらにそこに子ども同士の対話やそのきっかけを与えることは、優れて教授的な活動である。そのような学習指導を通して漸く、倍概念は割合概念に進展し、さらなる数学的探究の場で変貌をし続ける。

　A問題にある小数の乗除や分数の乗除を運算の仕方として指導するなら、さほど難しくはない。それをB問題で問われるような意味理解に展開するなら、その指導が容易でないことは、調査結果に示されたとおりである。卓上計算機がありふれた日常の現代、教師の専門性は意味指導に発揮されるべきであろう。全国学力テストが実施されて10年を過ぎるが、それが世紀の最初の10年に始まっていることに意味を見出すべきであろう。新たな教育に向けてこれまでの教育の成果をその基盤として明確にする作業と考えるべきであろう。教育は本来、子どもの未来に必要な力を準備して上げるためにある。ところが「未来に必要な力」を過去の経験則で推し量るところに根本的な問題はあるが、これまでそれが問題にならなかったのは、時代が緩やかに変化していたからに他ならない。現在のように、変化の激しい時代であれば、「昔こうだったから」という科白は、死語に等しい。本書は割合の意味と指導を根源から問い直そうとしている。その意味でその持つ価値は大きく、これから教師になろうとする人にとっても、また従来の算数教育に飽き足らない教師にとっても、必読の書になると考える。

おわりに

"ワクワク"している自分が分かる授業

　これまでも幾度となく叫ばれてきた授業改革ですが、私たちが知る限りにおいては知識重視の学力評価と授業スタイルから脱皮することができないまま今日があるように思います。（算数・数学は特に。）

　ただ、今回の学習指導要領の改訂がこれまでと異なるのは、
小・中学校で完全実施される2020年その年に、大学入試改革がスタートすることです。「主体的、対話的で深い学び」の成果が、これからは大学入試でも評価されていくことになります。このことが高校の授業改革への期待を膨らませるとともに、小・中学校にとっては今度こそ本気で授業改革の実現に向かわなくてはならないことを意味しています。

　完全実施を前に今、小・中学校の現場では「主体的、対話的で深い学び」の授業づくりへの試みが始まっています。
　新しい授業に求められているのは何か。模索は続きますが、私たちが目指すのは、「毎日の教室で、すべての子供が目を輝かせ、自分を発揮している自分に喜びや納得を味わうことができるようにすること。」です。それが"深い学び"の本質なのではないかと思います。

　"深い学び"は問題の答えや解き方が分かるようになること以上に、「なるほど！」「そうか！」「もっとやってみたい！」など、ワクワクしている自分が分かるようになることでなくてはならないと、考えるのです。そこには自分を取り巻く環境との柔軟で粘り強い相互作用（表現と対話）の連続であり、そこでは強い主体性と能動性が求められます。

"表現する"ことで、思考は自分が働きかけている環境とともに変化し続けていることが分かるようになります。"対話する"ことで自分の思いや考えが他者に伝わっていくことや、他者の思いや考えに納得している自分が分かるようになります。これがストーリーの授業が目指す姿であり、授業改革の向かう先でもあります。

　だからこそ、もう一度強調します。それは思考を動かす上で基盤となるスキルを"鍛える"ことです。

　算数・数学では少なくとも、ノートに定規を使って素早く直線を引く。目盛りを取る。問題文の情報をノートに整理する。ノートを使って説明する。さらに他者のノートから必要な情報を読み取る。など、環境に直接働きかける身体的な機能や、環境との関わり方を鍛え、定着させることを疎かにすることはできません。これらはすべての子供に等しく、確実に等しく身に付けさせなくてはならない学びの基礎的な能力です。特に定規で直線を引く力を侮ることができません。日常的に積み上げていく努力を惜しまないことが大切です。

　これらは各章で具体的に述べています。参照してください。

　最後に、このような"ワクワク"している自分が分かる授業は、その時間だけのその場だけの学びではなく、全学年を通してつながり続けることが必須です。学びの連続こそが特に算数・数学の知識を体系的に理解する最も効果的な思考活動だと考えるからです。学校全体で小学校6年間を一貫した子供の学びを、さらに中学校の3年間へとつなぐ組織的な実践がストーリーの授業づくりの今後の課題です。

　私たちの試みはこれからも、教室の子どもとともに、続きます。

算数研究チーム「ベクトル」一同

参考・引用文献

- 『幼稚園、小学校、中学校、高等学校および特別支援学校の学習指導要領等の改善及び必要な方策等について（答申）』（中央教育審議会，平成 28 年 12 月）
- 『小学校学習指導要領解説算数編』（文部科学省、平成 20 年 8 月）
- 『小学校学習指導要領解説算数編』（文部科学省、平成 29 年 6 月）

- 『算数教材論ベーシックな考え方』畦森宣信（日本教育センター、1983）
- 『算数のよさがわかる授業の組織化』畦森宣信、福岡県筑紫算数サークル（ぎょうせい、1990）
- 『算数が生まれる物語』志賀浩二（岩波書店、1992）
- 『実践知—エキスパートの知性—』金井壽宏、楠見孝（有斐閣、2012）
- 『イノベーションの本質』野中郁次郎、勝見明（日経 BP 社、2004）
- 『イノベーションの知恵』野中郁次郎、勝見明（日経 BP 社、2010）
- 『わくわく算数（1〜6 年）』（啓林館、2015）
- 『小学算数（1〜6 年）』（日本文教出版、2011）

- "気づきを知につなぐ算数の学び"「那珂川町立岩戸小学校研究紀要」（2012）
- "自立的に思考する算数の学び"「宮古島市立宮古島南小学校研究紀要」（2015）
- "活用する力の基礎を育てる算数科学習指導"「嘉麻市立碓井小学校研究紀要」（2016）

執筆者紹介

[編著者]

山下英俊　算数教育研究チーム「ベクトル」主宰。元福岡教育大学特命教授。福岡県公立小学校、福岡教育大学附属小学校、教育委員会を経て、福岡県公立小学校長を歴任。九州数学教育会小学校部前会長。福岡県小学校算数教育研究会前会長。

[著　者]

算数教育研究チーム「ベクトル」

山下が在籍した福岡県岩戸小学校での「平成21年度国立教育政策研究所研究指定事業」研究発表会を機に、ストーリーの算数教育を志す仲間でスタートする。メンバーが所属する学校等の協力を得て研究実績を積み上げている。

《メンバー》

宮邉淳一	福岡県篠栗町立北勢門小学校校長
田中健悟	福岡県糸島市教育委員会学校教育課長
伯川康洋	福岡県春日市立春日小学校主幹教諭
立川嘉彦	福岡県教育センター指導主事
富松祐爾	福岡県那珂川市立安徳小学校主幹教諭
藤木悠介	福岡県宇美町教育委員会指導主事
大里雄一郎	福岡県嘉麻市立碓井小学校教諭
大本進	福岡県苅田町立苅田小学校教諭
平良優	沖縄県宮古島市立宮古島東小学校教諭
塩田利彦	元福岡県那珂川市立岩戸小学校教諭

[研究協力校]

福岡県　那珂川町立岩戸小学校

福岡県　嘉麻市立碓井小学校

沖縄県　宮古島市立宮古島南小学校

子どもが「なるほど！」「そうか！」と納得する！
「割合」指導の3つの方略

2018（平成30）年10月31日　初版第1刷発行

編著者：山下英俊
著　者：算数教育研究チーム「ベクトル」
発行者：錦織圭之介
発行所：株式会社　東洋館出版社
　　　　〒113-0021　東京都文京区本駒込5丁目16番7号
　　　　営業部　電話03-3823-9206　FAX03-3823-9208
　　　　編集部　電話03-3823-9207　FAX03-3823-9209
　　　　振　替　00180-7-96823
　　　　ＵＲＬ　http://www.toyokan.co.jp

装　　丁：新井大輔
本文デザイン：竹内宏和（藤原印刷株式会社）
印刷・製本：藤原印刷株式会社

ISBN 978-4-491-03604-5
Printed in Japan

JCOPY ＜(社)出版者著作権管理機構　委託出版物＞
本書の無断複写は著作権法上での例外を除き禁じられています。
複写される場合は，そのつど事前に，(社)出版者著作権管理機構（電話 03-3513-6969，
FAX 03-3513-6979，e-mail: info@jcopy.or.jp）の許諾を得てください。